첫걸음

시험에도 강한

일본어 한자 日語(일어) 서기

김정은 지음

Nihongo Factory

시험에도 강한

일본어 한자 일어서기 첫걸음

2009. 4. 1. 2판 1쇄 발행
2010. 7. 15. 2판 2쇄 발행
2016. 3. 10. 2판 3쇄 발행

지은이 | 김정은
펴낸이 | 이종춘
펴낸곳 | 주식회사 성안당
주소 | 04032 서울시 마포구 양화로 127 첨단빌딩 5층(출판기획 R&D 센터)
10881 경기도 파주시 문발로 112(제작 및 물류)
전화 | 02) 3142-0036
031) 950-6300
팩스 | 031) 955-0510
등록 | 1973.2.1 제406-2005-000046호
출판사 홈페이지 | **www.cyber.co.kr**
ISBN | 978-89-315-7373-2 (03730)
정가 | 13,000원

이 책을 만든 사람들
책임 | 최옥현
진행 | 김해영
홍보 | 전지혜
국제부 | 이선민, 조혜란, 김해영, 김필호
마케팅 | 구본철, 차정욱, 나진호, 이동후, 강호묵
제작 | 김유석

※ 잘못된 책은 바꾸어 드립니다.

머리말

일본어에서 한자는 매우 중요한 위치를 차지하고 있습니다. 아시는 바와 같이 일본어의 문자는 히라가나, 가타카나, 한자 등 세 가지로 구성됩니다. 특히나 한자가 없으면 뜻을 파악하는 것이 더디기 때문에 일본의 모든 도서는 한자 사용이 필수입니다. 우리나라도 한자를 사용하기는 하지만, 몇몇 특수한 경우를 제외하고는 한자를 굳이 사용하지 않고도 뜻을 전달하는 데에 큰 어려움이 없는 것과 비교되는 상황입니다.

흔히 일본어가 우리말과 문법이 비슷하다는 점을 들어 쉽다고들 하지만, 한자라는 장벽을 만나면 이야기가 달라집니다. 일본어를 공부하는 많은 사람들이 한자 때문에 애를 먹는 경우가 많기 때문입니다.

특히나 한자에 가장 크게 애를 먹는 사람은 일본어를 처음 공부하시는 분들일 것입니다. 따라서 이 책의 목표는 일본어를 처음 공부하시는 분들이 꼭 알아야 할 기본 한자를 가장 쉽게 익힐 수 있도록 하는 것입니다. 한자 학습에서 흥미를 잃어버리면 일본어를 시작해 보기도 전에 포기하게 됩니다. 절대로 그런 일이 일어나서는 안 되겠습니다.

한편, 일본어 한자에서 가장 어려운 부분은 하나의 한자를 읽는 방법이 여러 가지라는 점입니다. 즉 우리나라에서는 몇몇 특수한 경우를 제외하고 하나의 한자는 하나의 소리로만 읽는 데에 비해, 일본어 한자는 하나의 한자에 읽는 법이 두 가지, 세 가지, 네 가지, 심지어는 열 가지가 넘어가는 것도 있습니다.

하지만 한자 공부에도 단계가 있습니다. 가장 필요한 부분부터 차근차근 익혀 나가면 싫증나지 않고 흥미를 유지하면서 일본어를 공부할 수 있습니다. 이 책에서는 이런 점을 최대한 배려하면서 집필하고 편집하려고 애를 썼습니다. 따라서 일본어를 포기하지 않고 제대로 공부하고자 하시는 분께서는 안심하고 이 책을 선택하시기 바랍니다.

이 책에는 일본 소학교 1학년부터 3학년까지의 필수 한자는 물론, 일본어능력시험 4급과 3급에 해당하는 한자까지 수록하였습니다. 이 한자들은 일본 정부가 지정한 것이므로 매우 믿을 수 있는 자료입니다. 따라서 이 한자들을 습득하면 기초 과정에서 필요한 분량을 충분히 소화하게 되는 셈입니다.

부디 알찬 학습 효과를 거두시기 바랍니다.

저자 김 정 은

목차

이 책의 구성과 특징

★ **주제별 분류를 통해 끼리끼리 연상학습이 가능합니다.**

하루 일과, 숫자와 날짜, 가족, 신체, 음식, 학교 등 23가지 주제로 분류하여 한자를 제시하였습니다. 따라서 끼리끼리 같은 주제로 모여 있어서 한자 익히는 재미가 쏠쏠합니다.

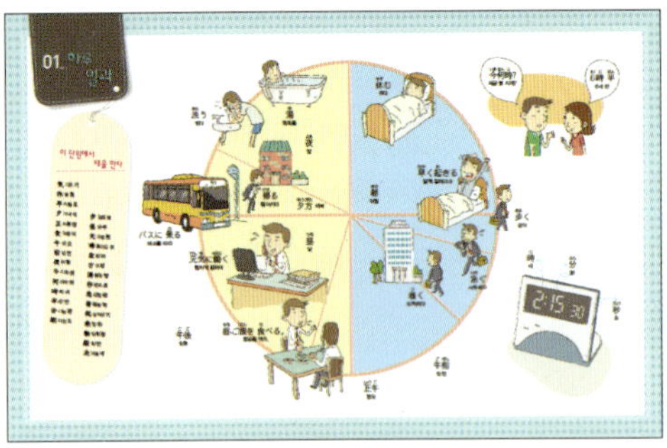

★ **그림을 통해 확실하게 눈도장을 찍어 둡니다.**

한자 한 글자 한 글자를 익히기 전에 각 한자의 대표적인 단어를 그림과 함께 제시함으로써 각 한자에 대한 강력한 인상을 심어 드립니다. 그림과 함께 제시된 한자만 공부해도 50%는 성공한 것과 같은 효과를 발휘합니다.

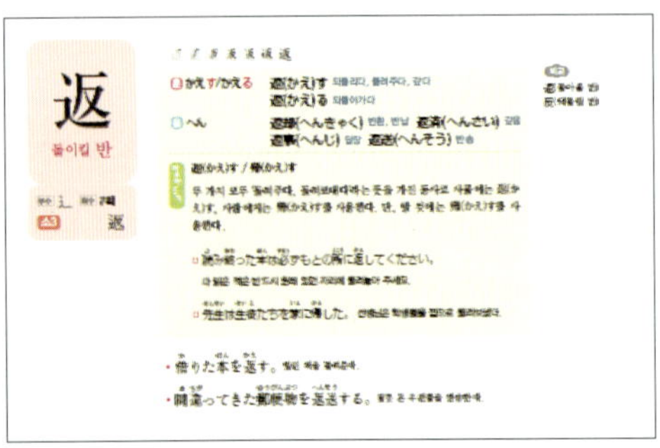

★ **한 글자 한 글자 정성스럽게 익혀 봅니다.**

주제별로 모아 놓은 한자들을 한 글자 한 글자씩 자세하게 학습할 수 있습니다. 각 한자에 대한 훈독, 음독, 부수, 획수, 필순은 물론 그에 대한 예제 단어까지 제시함으로써 어휘력도 늘려 드립니다. 게다가 실제 문장에서 어떻게 사용하는지 예문을 통해 확인함으로써 완벽한 이해를 도와 드립니다.
이것뿐만이 아닙니다. 우리나라에서 쓰는 한자는 어떤 모양인지도 알려 드리고, ★표를 이용해 해당 한자에서 알아 두어야 할 참고 사항도 기록해 두었습니다.

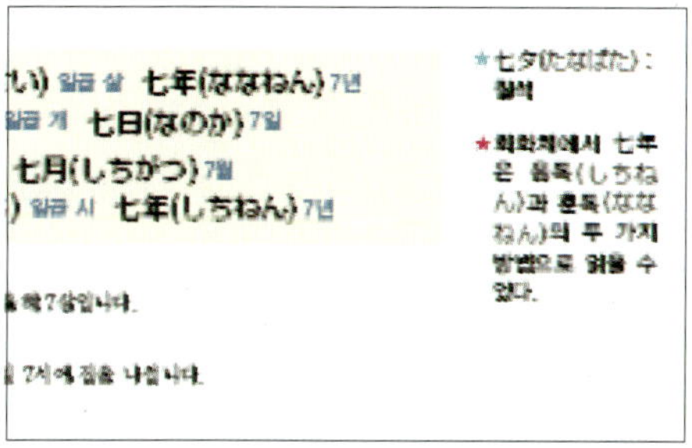
七年(ななねん) 7년
七日(なのか) 7일
七月(しちがつ) 7월
七年(しちねん) 7년
★七夕(たなばた): 칠석

게다가 〈비교〉 〈알아두기〉라는 항목도 만들어서 각종 시험에서 다루어지는 한자 관련 문제를 해결하는 데에 큰 도움이 되는 정보도 제공해 드립니다. 한 글자를 공부하면서 한꺼번에 익혀도 되지만, 우선은 기본 사항만 먼저 공부하고, ★, 〈비교〉, 〈알아두기〉 등은 나중에 복습하면서 익히셔도 큰 도움이 됩니다.

〈소1〉, 〈소2〉, 〈소3〉은 일본 소학교 1학년, 2학년, 3학년 한자.
〈3급〉, 〈4급〉은 일본어능력시험 3급, 4급 한자.
〈훈〉 또는 〈음〉에서 읽기가 없는 것에는 '–'로 표시했습니다.

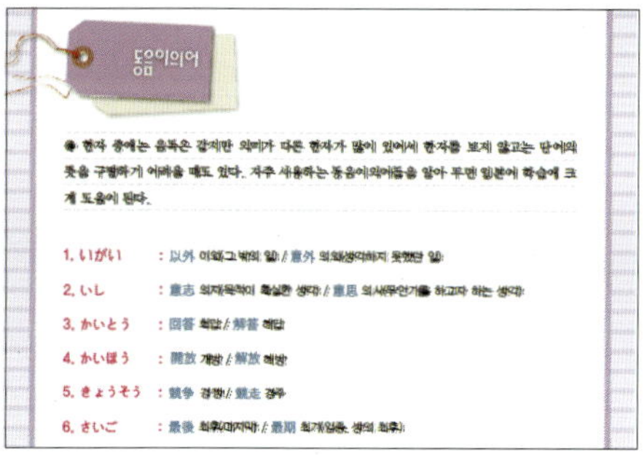
동음이의어

1. いがい : 以外 / 意外
2. いし : 意志 / 意思
3. かいとう : 回答 / 解答
4. かいほう : 開放 / 解放
5. きょうそう : 競争 / 競走
6. さいご : 最後 / 最期

★ 일본어 한자 관련 지식 다 나와!

본문 중간 중간에 한자와 관련된 다양한 정보가 제공됩니다. 여기에서 제공되는 내용은 학습의 지루함을 달래주는 역할도 하지만, 더 중요한 것은 일본에 대한 상식을 넓히고, 시험에서 자주 나오는 사항들을 제공하는 역할도 한다는 점입니다. 정말 실속 있는 학습이 될 것입니다.

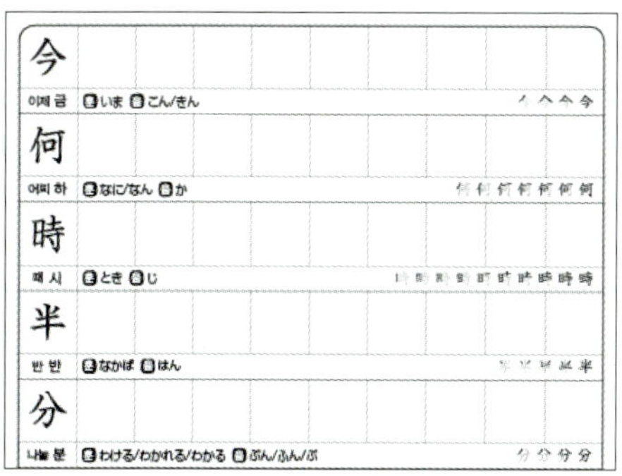
今 이제 금 いま こん/きん
何 어찌 하 なに/なん か
時 때 시 とき じ
半 반 반 なかば はん
分 나눌 분 わける/わかれる/わかる ぶん/ふん/ぶ

★ 쓰기 노트로 예쁘게 써 보기

별책 부록으로 한자 쓰기 노트가 제공됩니다. 여기에 제공된 글씨체는 일본에서 사용하는 교과서체입니다. 따라서 가장 정확한 글씨체라고 할 수 있습니다. 예쁘고 정확하게 쓰는 연습을 하시기 바랍니다. 또한 한자에는 우리말 훈과 음, 그리고 일본어의 훈독, 음독이 수록되어 있고, 필순까지 딸려 있습니다. 쓰기 연습을 하면서 복습까지 가능하도록 구성한 쓰기 노트를 통해 100% 여러분의 것으로 만드시기 바랍니다.

01_ 하루 일과

이 단원에서 배울 한자

気 기운 기
休 쉴 휴
早 이를 조
夕 저녁 석
正 바를 정
食 먹을 식
午 낮 오
前 앞 전
後 뒤 후
今 이제 금
何 어찌 하
時 때 시
半 반 반
分 나눌 분
朝 아침 조
歩 걸음 보
昼 낮 주
元 으뜸 원
帰 돌아갈 귀
夜 밤 야
方 모 방
湯 끓일 탕
秒 분초 초
急 급할 급
着 붙을 착
起 일어날 기
乗 탈 승
働 일할 동
飯 밥 반
洗 씻을 세

やす
休む
쉬다
あさ
朝
아침
はや お
早く起きる
일찍 일어나다
ある
歩く
걷다
いそ
急ぐ
서두르다
つ
着く
도착하다
ご ぜん
午前
오전

しょう ご
正午
정오

いま なん じ
今何時?
지금 몇 시지?
ろく じ はん
6時半!
6시 반!

じ
時
시
ふん
分
분
2:15 30
びょう
秒
초

気

기운 기

부수 气 획수 6획

소1 4급 氣

気気気気気気

훈 –

음 き/け　　気分(きぶん) 기분　気楽(きらく) 마음 편함　気配(けはい) 낌새　人気(ひとけ) 인기척

- 今日(きょう)は気分(きぶん)がすぐれないです。오늘은 기분이 좋지 않습니다.
- 毎日(まいにち)気楽(きらく)に過(す)ごしています。매일 마음 편히 지내고 있습니다.

休

쉴 휴

부수 亻 획수 6획

소1 4급 休

休休休休休休

훈 やすむ/やすまる/やすめる　　休(やす)む 쉬다　休(やす)まる 편안해지다　休(やす)める 쉬게 하다　休(やす)み 쉼, 휴일

음 きゅう　　休暇(きゅうか) 휴가　休日(きゅうじつ) 휴일　休業(きゅうぎょう) 휴업

비교
休 (쉴 휴)
体 (몸 체)

- 風邪(かぜ)で家(いえ)で休(やす)んでいます。감기로 집에서 쉬고 있습니다.
- 来週(らいしゅう)から出産休暇(しゅっさんきゅうか)を取(と)ることにしました。
  다음 주부터 출산 휴가를 받기로 했습니다.

早

이를 조

부수 日 획수 6획

소1 3급 早

早早早早早早

훈 はやい/はやまる/はやめる　　早(はや)い 이르다, 빠르다 (시간적 의미)　早(はや)まる 빨라지다　早(はや)める 앞당기다　早道(はやみち) 지름길

음 そう/さっ　　早急(そうきゅう)=早急(さっきゅう) 조급　早朝(そうちょう) 조조, 이른 아침　早退(そうたい) 조퇴　早速(さっそく) 즉시

비교
早 (이를 조)
申 (펼 신)

- あきらめるにはまだ早(はや)いです。단념하기에는 아직 이릅니다.
- 早朝出発(そうちょうしゅっぱつ)するから早(はや)く寝(ね)ましょう。이른 아침에 출발하니까 일찍 잡시다.

夕

저녁 석

부수 夕 획수 3획

소1 3급 夕

夕夕夕

훈 ゆう　　夕刊(ゆうかん) 석간　夕方(ゆうがた) 저녁 때　夕日(ゆうひ) 저녁 해　夕食(ゆうしょく)=夕(ゆう)ご飯(はん) 저녁밥　夕(ゆう)べ 어제 저녁

음 せき　　夕陽(せきよう) 석양　今夕(こんせき) 오늘 저녁　朝夕(ちょうせき) 조석, 아침저녁

비교
夕 (저녁 석)
多 (많을 다)

★朝夕(ちょうせき)는 あさゆう로도 읽는다.

- 夕(ゆう)ご飯(はん)はカレーにしました。저녁밥은 카레로 했습니다.
- 朝夕(ちょうせき)で運動(うんどう)します。아침저녁으로 운동합니다.

正

바를 **정**

부수 止 획수 5획

소1 3급 正

正 正 正 正 正

훈 ただしい/ただす/まさ

正(ただ)しい 바르다 正(ただ)す 바로잡다, 고치다

正(まさ)に 바로, 틀림없이

음 せい/しょう

正当(せいとう) 정당 正式(せいしき) 정식

正確(せいかく) 정확 お正月(しょうがつ) 정월

正面(しょうめん) 정면

비교

正 (바를 정)

止 (그칠 지)

- 漢字(かんじ)を正(ただ)しく書(か)きます。 한자를 바르게 씁니다.
- 正確(せいかく)に計算(けいさん)してください。 정확하게 계산해 주세요.

食

먹을 **식**

부수 食 획수 9획

소2 4급 食

食 食 食 食 食 食 食 食 食

훈 たべる/くう

食(た)べる 먹다 食(く)う 먹다 (남성어)

食(た)べ物(もの) 먹을 것

음 しょく/じき

食事(しょくじ) 식사 食品(しょくひん) 식품

断食(だんじき) 단식

- 子供(こども)がバナナを食(た)べます。 아이가 바나나를 먹습니다.
- 忙(いそが)しくて食事(しょくじ)するひまもありません。 바빠서 식사할 틈도 없습니다.

午

낮 **오**

부수 十 획수 4획

소2 4급 午

午 午 午 午

훈 –

음 ご

午前(ごぜん) 오전 午後(ごご) 오후

正午(しょうご) 정오, 낮 12시

- 午前中(ごぜんちゅう)に宿題(しゅくだい)を終(お)えました。 오전 중에 숙제를 끝냈습니다.
- 午後(ごご)は友達(ともだち)とサッカーをします。 오후에는 친구와 축구를 합니다.

前

앞 **전**

부수 刂 획수 9획

소2 4급 前

前 前 前 前 前 前 前 前 前

훈 まえ

前(まえ) 앞 名前(なまえ) 이름

前売(まえう)り 예매 前払(まえばら)い 선불

음 ぜん

前後(ぜんご) 전후 前回(ぜんかい) 지난 번

前日(ぜんじつ) 전일

- お名前(なまえ)は何(なん)ですか。 성함은 무엇입니까?
- 十時前後(じゅうじぜんご)に出(で)かけましょう。 10시 전후로 나갑시다.

後

뒤 후

부수 彳 획수 9획
소2 4급 後

後後後後後後後後後

훈 あと/のち/うしろ/おくれる
後(あと) 뒤, 후, 나중 (시간, 공간) 後(のち) 후 (시간)
後(うし)ろ 뒤 (공간) 気後(きおく)れ 기가 꺾임

음 ご/こう
今後(こんご) 금후, 이후 後進(こうしん) 후진
後発(こうはつ) 후발

★のちは 문어체 표현에서 주로 사용한다.

- 代金(だいきん)は後払(あとばら)いでいいです。 대금은 후불로 괜찮습니다.
- 今後(こんご)もよろしくお願(ねが)いします。 이후로도 잘 부탁드립니다.

今

이제 금

부수 𠆢 획수 4획
소2 4급 今

今今今今

훈 いま
今(いま) 지금, 이제 今(いま)にも 당장이라도, 금방

음 こん/きん
今回(こんかい) 이번 今後(こんご) 금후 今夜(こんや) 오늘 저녁(밤) 今古(きんこ) 지금과 옛날

★今日(きょう) : 오늘
今朝(けさ) : 오늘 아침
今年(ことし) : 금년

- 今(いま)にも雨(あめ)が降(ふ)りそうです。 지금이라도 비가 내릴 것 같습니다.
- 今夜(こんや)パーティーがあります。 오늘 밤 파티가 있습니다.

何

어찌 하

부수 亻 획수 7획
소2 4급 何

何何何何何何何

훈 なに/なん
何(なに)が 무엇이 何(なに)も 아무것도
何(なに)を 무엇을 何(なに)に 무엇으로
何(なん)で 무엇으로, 왜 何時(なんじ) 몇 시

음 か
幾何学(きかがく) 기하학

비교
何 (어찌 하)
河 (물 하)

- 何(なに)にしましょうか。 무엇으로 하겠습니까?
- 幾何学(きかがく)は数学(すうがく)の一部門(いちぶもん)です。 기하학은 수학의 한 부문입니다.

時

때 시

부수 日 획수 10획
소2 4급 時

時時時時時時時時時時

훈 とき
時(とき) 때 子供(こども)の時(とき) 어렸을 때

음 じ
時間(じかん) 시간 時日(じじつ) 시일
時事(じじ) 시사 時刻(じこく) 시각

★時計(とけい) : 시계

- 家(いえ)に着(つ)いた時(とき)、父(ちち)はいなかった。 집에 도착했을 때 아버지는 안 계셨다.
- ピクニックの時日(じじつ)はまだ決(き)まっていません。 소풍의 시일은 아직 정해지지 않았습니다.

半

반 **반**

부수 十 획수 5획
소2 4급 半

半 半 半 半 半

훈 なかば	半(なか)ば 반, 절반, 도중
음 はん	半日(はんにち) 반나절 半円(はんえん) 반원 九時半(くじはん) 9시 반

- 私(わたし)の成績(せいせき)はクラスの半(なか)ばに入(はい)ります。 제 성적은 반에서 중간쯤 됩니다.
- 妹(いもうと)とケーキを半分(はんぶん)ずつ食(た)べました。 여동생과 케이크를 반씩 먹었습니다.

分

나눌 **분**

부수 刀 획수 4획
소2 4급 分

分 分 分 分

훈 わける/わかれる /わかる/わかつ	分(わ)ける 나누다 分(わ)かれる 나눠지다, 갈리다 分(わ)かる 알다 分(わ)かつ 나누다
음 ぶん/ふん/ぶ	分別(ぶんべつ) 분별, 구별 多分(たぶん) 아마 五分(ごふん) 5분 五分五分(ごぶごぶ) 우열이 없음

★大分(だいぶ) : 꽤, 제법

- 先生(せんせい)の説明(せつめい)は分(わ)かりやすいです。 선생님의 설명은 알기 쉽습니다.
- 多分(たぶん)明日(あした)は雨(あめ)だろう。 아마도 내일은 비가 올 것이다.

朝

아침 **조**

부수 月 획수 12획
소2 3급 朝

朝 朝 朝 朝 朝 朝 朝 朝 朝 朝 朝 朝

훈 あさ	朝(あさ) 아침 朝日(あさひ) 아침 해 朝夕(あさゆう) 아침저녁, 조석 朝寝坊(あさねぼう) 늦잠
음 ちょう	朝食(ちょうしょく) 조식, 아침밥 朝会(ちょうかい) 조회 朝刊(ちょうかん) 조간(신문)

★朝夕(あさゆう)는 ちょうせき로도 읽는다

- 朝寝坊(あさねぼう)して会社(かいしゃ)に遅刻(ちこく)しました。 늦잠을 자서 회사에 지각했습니다.
- 父(ちち)は朝刊(ちょうかん)を読(よ)んでいます。 아버지는 조간 신문을 읽고 있습니다.

歩

걸음 **보**

부수 止 획수 8획
소2 3급 歩

歩 歩 歩 歩 歩 歩 歩 歩

훈 あるく/あゆむ	歩(ある)く 걷다 歩(あゆ)む 걷다 (주로 시나 가사 등에 쓰임) 歩(あゆ)み 걸음
음 ほ/ぶ/ふ	歩行(ほこう) 보행 歩道(ほどう) 보도 散歩(さんぽ) 산책 歩合(ぶあい) 비율 歩(ふ) 일본 장기의 졸

- 赤(あか)ちゃんが歩(ある)き始(はじ)めました。 아기가 걷기 시작했습니다.
- 歩道橋(ほどうきょう)を渡(わた)ります。 보도교(육교)를 건넙니다.

昼

낮 주

부수 日 획수 9획
소2 3급 晝

昼昼昼昼昼昼昼昼昼

훈 ひる	昼(ひる) 낮, 점심 昼間(ひるま) 낮, 주간 昼寝(ひるね) 낮잠 昼休(ひるやす)み 점심시간
음 ちゅう	昼食(ちゅうしょく) 점심 白昼(はくちゅう) 대낮

- お昼(ひる)に約束(やくそく)があります。 점심에 약속이 있습니다.
- 昼食(ちゅうしょく)はまだ食(た)べていません。 점심은 아직 먹지 않았습니다.

元

으뜸 원

부수 儿 획수 4획
소2 3급 元

元元元元

훈 もと	元々(もともと) 원래, 본디 火(ひ)の元(もと) 화기, 화인(화재의 원인)
음 げん/がん	元気(げんき) 건강, 힘 紀元(きげん) 기원 元日(がんじつ) 설날, 1월 1일

- 一年中(いちねんじゅう)火(ひ)の元(もと)に注意(ちゅうい)します。 일년 내내 화기에 주의합니다.
- 元気(げんき)良(よ)く留学生活(りゅうがくせいかつ)をしています。 힘차게 유학생활을 하고 있습니다.

帰

돌아갈 귀

부수 巾 획수 10획
소2 3급 歸

帰帰帰帰帰帰帰帰帰帰

훈 かえる/かえす	帰(かえ)る 돌아가다 帰(かえ)す 돌려보내다 帰(かえ)り道(みち)=帰(かえ)り 귀가, 돌아오는 길 日帰(ひがえ)り 당일치기
음 き	帰国(きこく) 귀국 帰化(きか) 귀화 帰宅(きたく) 귀가 帰省(きせい) 귀성

- 仕事(しごと)が終(お)わったので帰(かえ)ります。 일이 끝나서 돌아갑니다.
- 先月(せんげつ)帰国(きこく)しました。 지난 달 귀국했습니다.

夜

밤 야

부수 夕 획수 8획
소2 3급 夜

夜夜夜夜夜夜夜夜

훈 よ/よる	夜明(よあ)け 새벽 夜中(よなか) 한밤중 夜道(よみち) 밤길 夜(よる) 밤
음 や	夜会(やかい) 밤의 회합 夜景(やけい) 야경 夜間(やかん) 야간 今夜(こんや) 오늘 밤

- 夜道(よみち)は気(き)をつけなければなりません。 밤길은 조심해야 합니다.
- 屋上(おくじょう)で夜景(やけい)を見(み)ます。 옥상에서 야경을 봅니다.

方

모 방

부수 方 획수 4획

소2 3급 方

方方方方

훈 かた	方(かた) 분 あなた方(がた) 여러분 飲(の)み方(かた) 마시는 법	
음 ほう	方法(ほうほう) 방법 方言(ほうげん) 방언 方向(ほうこう) 방향 一方(いっぽう) 일방, 한 방향	

★行方(ゆくえ) : 행방

비교
方 (방향 방)
万 (일만 만)

- 飲(の)み方(かた)を教(おし)えてください。 마시는 법을 가르쳐 주세요.
- 解決(かいけつ)する方法(ほうほう)はありませんか。 해결할 방법은 없습니까?

湯

끓일 탕

부수 氵 획수 12획

소3 湯

湯湯湯湯湯湯湯湯湯湯湯湯

훈 ゆ	湯(ゆ) 뜨거운 물, 목욕물, 목욕탕 湯飲(ゆの)み 찻잔 茶(ちゃ)の湯(ゆ) 다도 湯気(ゆげ) 김, 수증기 湯船(ゆぶね) 욕조
음 とう	銭湯(せんとう) 대중목욕탕 熱湯(ねっとう) 열탕

비교
湯 (끓인 물 탕)
陽 (볕 양)

- 湯船(ゆぶね)につかると気持(きも)ちがよくなる。 욕조에 몸을 담그면 기분이 좋아진다.
- 銭湯(せんとう)に行(い)って体(からだ)を洗(あら)う。 대중목욕탕에 가서 몸을 씻는다.

秒

분초 초

부수 禾 획수 9획

소3 秒

秒秒秒秒秒秒秒秒秒

훈 –	
음 びょう	秒(びょう) 초 秒速(びょうそく) 초속 秒針(びょうしん) 초침 秒読(びょうよ)み 초읽기 毎秒(まいびょう) 매초 分秒(ふんびょう) 분초, 매우 짧은 시간 数秒(すうびょう) 수 초

- あの掛(か)け時計(どけい)には秒針(びょうしん)がない。 저 벽시계에는 초침이 없다.
- ロケット発射(はっしゃ)が秒読(びょうよ)みに入(はい)る。 로켓 발사가 초읽기에 들어간다.

急

급할 급

부수 心 획수 9획

소3 3급 急

急急急急急急急急急

훈 いそぐ	急(いそ)ぐ 서두르다 急(いそ)ぎ 서두름, 급함
음 きゅう	急(きゅう)に 급히, 갑자기 急行(きゅうこう) 급행 急用(きゅうよう) 급한 일, 급한 용무 急速(きゅうそく) 급속 急病(きゅうびょう) 급환

- そんなに急(いそ)ぐことはない。 그렇게 서두를 것은 없다.
- 急用(きゅうよう)ができて約束(やくそく)を守(まも)れませんでした。
  급한 용무가 생겨서 약속을 지키지 못했습니다.

着

붙을 착

부수 羊 획수 12획

소3 3급 着

着着着着着着着着着着着着

훈 きる/きせる/つく/つける 着(き)る 입다 着(き)せる 입히다 上着(うわぎ) 상의 着(つ)く 도착하다 着(つ)ける 붙이다

음 ちゃく/じゃく 着衣(ちゃくい) 착의 到着(とうちゃく) 도착 付着(ふちゃく) 부착 発着(はっちゃく) 발착 愛着(あいちゃく/あいじゃく) 애착

★着(き)る는 상의나 원피스를 입을 때 사용하고, 하의나 발에 신는 것에는 'はく'를 사용한다.

- 子供(こども)に上着(うわぎ)を着(き)せます。 아이에게 상의를 입힙니다.
- 父(ちち)は空港(くうこう)にもう到着(とうちゃく)しました。 아버지는 공항에 벌써 도착했습니다.

起

일어날 기

부수 走 획수 10획

소3 3급 起

起起起起起起起起起起

훈 おきる/おこる/おこす 起(お)きる 일어나다, 생기다 起(お)こる 일어나다, 생기다 起(お)こす 일으키다

음 き 起床(きしょう) 기상 起立(きりつ) 기립 起動(きどう) 기동

- 今朝(けさ)、交通事故(こうつうじこ)が起(お)きました。 오늘 아침 교통사고가 일어났습니다.
- 毎朝(まいあさ)、六時(ろくじ)に起床(きしょう)します。 매일 아침 6시에 기상합니다.

乗

탈 승

부수 ノ 획수 9획

소3 3급 乗

乗乗乗乗乗乗乗乗乗

훈 のる/のせる 乗(の)る 타다 乗(の)せる 태우다 乗(の)り物(もの) 탈 것 乗(の)り場(ば) 타는 곳

음 じょう 乗車(じょうしゃ) 승차 乗務員(じょうむいん) 승무원 乗客(じょうきゃく) 승객

- 友達(ともだち)を車(くるま)に乗(の)せました。 친구를 차에 태웠습니다.
- 乗車券(じょうしゃけん)を見(み)せてください。 승차권을 보여 주세요.

働

일할 동 (일본한자)

부수 亻 획수 13획

3급

働働働働働働働働働働働働働

훈 はたらく 働(はたら)く 일하다 働(はたら)き口(ぐち) 일자리 働(はたら)き者(もの) 열심히 일하는 사람

음 どう 労働(ろうどう) 노동 実働(じつどう) 실제 노동

비교
働 (일할 동)
動 (움직일 동)

- 彼(かれ)はよく働(はたら)く人(ひと)です。 그는 일을 잘 하는 사람입니다.
- うちの会社(かいしゃ)は労働力不足(ろうどうりょくぶそく)ではありません。 우리 회사는 노동력 부족은 아닙니다.

飯 飯 飯 飯 飯 飯 飯 飯 飯 飯 飯 飯

飯

밥 반

부수 食 획수 12획

3급 飯

훈 めし　飯(めし) 밥　朝飯(あさめし) 아침밥
昼飯(ひるめし) 점심밥

음 はん　ご飯(はん) 밥　朝(あさ)ご飯(はん) 아침밥
昼(ひる)ご飯(はん) 점심밥
夕(ゆう)ご飯(はん)=晩(ばん)ご飯(はん) 저녁밥

비교
飯 (밥 반)
飮 (마실 음)

★飯(めし)는 남성어이다.

- 米(こめ)で飯(めし)を炊(た)く。쌀로 밥을 짓다.
- いつも朝(あさ)ご飯(はん)を食(た)べます。언제나 아침밥을 먹습니다.

洗 洗 洗 洗 洗 洗 洗 洗 洗

洗

씻을 세

부수 氵 획수 9획

3급 洗

훈 あらう　洗(あら)う 씻다　お手洗(てあら)い 화장실

음 せん　洗顔(せんがん) 세안　洗濯機(せんたくき) 세탁기
洗面(せんめん) 세면　洗礼(せんれい) 세례
洗練(せんれん) 세련

비교
洗 (씻을 세)
先 (먼저 선)

- お手洗(てあら)いを新(あたら)しく修理(しゅうり)します。화장실을 새롭게 수리합니다.
- 旅行(りょこう)の時(とき)、洗面用具(せんめんようぐ)を持参(じさん)します。여행 때 세면용구를 지참합니다.

02_숫자, 요일, 조수사

이 단원에서 배울 한자

一 한 일
二 두 이
三 석 삼
四 넉 사
五 다섯 오
六 여섯 륙
七 일곱 칠
八 여덟 팔
九 아홉 구
十 열 십
百 일백 백
千 일천 천
年 해 년
月 달 월
火 불 화
水 물 수
木 나무 목
金 쇠 금
土 흙 토
日 날 일
人 사람 인
円 둥글 원
每 매양 매
週 주일 주
万 일만 만
曜 빛날 요
回 돌아올 회
番 차례 번
第 차례 제
倍 곱 배
等 무리 등
階 섬돌 계
号 부르짖을 호
皿 그릇 명

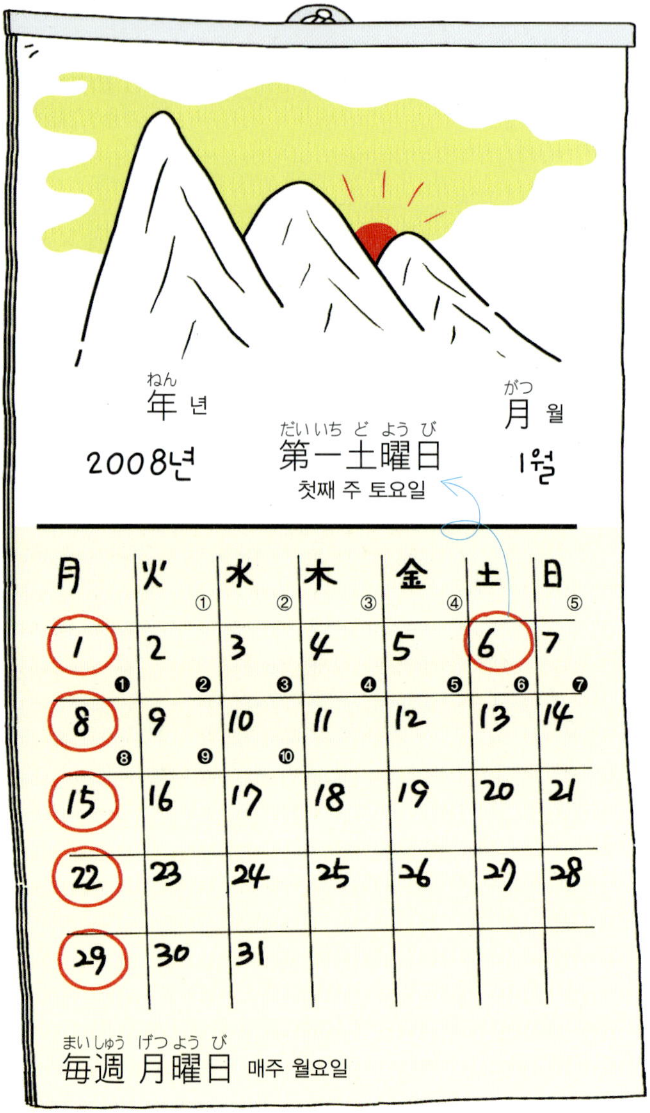

①火曜日(かようび) 화요일 ②水曜日(すいようび) 수요일 ③木曜日(もくようび) 목요일
④金曜日(きんようび) 금요일 ⑤日曜日(にちようび) 일요일

❶一(いち) 일 ❷二(に) 이 ❸三(さん) 삼 ❹四(し) 사 ❺五(ご) 오
❻六(ろく) 육 ❼七(しち) 칠 ❽八(はち) 팔 ❾九(きゅう) 구 ❿十(じゅう) 십

一回(いっかい) 1회
二回(にかい) 2회
三回(さんかい) 3회
・
・
・

二倍(にばい)になる。
두 배가 되다

一等(いっとう) 일등
二等(にとう) 이등
三等(さんとう) 3등

一人(ひとり) 한 명
二人(ふたり) 두 명
三人(さんにん) 세 명

三階(さんかい) 3층
二階(にかい) 2층
一階(いっかい) 1층

十円(じゅうえん) 십 엔
百円(ひゃくえん) 백 엔
千円(せんえん) 천 엔
一万円(いちまんえん) 만 엔

一番(いちばん) 1번
二番(にばん) 2번
三番(さんばん) 3번
四番(よんばん) 4번
→ 番号(ばんごう) 번호

一皿(ひとさら) 한 접시
二皿(ふたさら) 두 접시
三皿(さんさら) 세 접시

一

한 일

부수 一 획수 1획

소1 4급 一

一

훈 ひと/ひとつ　一(ひと)つ 한 개　一月(ひとつき) 한 달　一口(ひとくち) 한 입

음 いち/いつ　一(いち) 일　一日(いちにち) 하루　一緒(いっしょ) 함께, 같이

★一人(ひとり) : 한 사람
一日(ついたち) : 초하루, 1일

- 梨(なし)を一(ひと)つ食(た)べました。 배를 하나 먹었습니다.
- 友達(ともだち)と一緒(いっしょ)に学校(がっこう)へ行(い)きます。 친구와 함께 학교에 갑니다.

二

두 이

부수 二 획수 2획

소1 4급 二

二 二

훈 ふた/ふたつ　二(ふた)つ 두 개　二葉(ふたば) 떡잎

음 に　二(に) 이　二週間(にしゅうかん) 이 주일　二杯(にはい) 두 잔

★二人(ふたり) : 두 사람
二日(ふつか) : 2일
二十日(はつか) : 20일
二十歳(はたち) : 스무 살

- 明日(あした)は二日(ふつか)です。 내일은 2일입니다.
- コーヒーを二杯(にはい)飲(の)みました。 커피를 두 잔 마셨습니다.

三

석 삼

부수 一 획수 3획

소1 4급 三

三 三 三

훈 み/みつ/みっつ　三日(みっか) 3일　三(みっ)つ 세 개

음 さん　三(さん) 삼　三本(さんぼん) 세 자루　三年(さんねん) 3학년　三角(さんかく) 삼각

★三味線(しゃみせん) : 일본 고유의 현악기

- 来月(らいげつ)三日(みっか)は私(わたし)の誕生日(たんじょうび)です。 다음 달 3일은 제 생일입니다.
- 弟(おとうと)は小学校(しょうがっこう)三年生(さんねんせい)です。 남동생은 초등학교 3학년입니다.

四

넉 사

부수 口 획수 5획

소1 4급 四

四 四 四 四 四

훈 よ/よつ/よっつ/よん　四(よ)つ角(かど) 네거리　四(よっ)つ 네 개　四日(よっか) 4일　四回(よんかい) 4회

음 し　四(し) 사　四月(しがつ) 4월　四季(しき) 사계절

★四人(よにん) : 네 사람
四時(よじ) : 네 시
四年(よねん) : 4년
四円(よえん) : 4엔

- 日本(にほん)には四回(よんかい)行(い)きました。 일본에는 네 번 갔습니다.
- 先月(せんげつ)は四月(しがつ)でした。 지난 달은 4월이었습니다.

五 五 五 五

五

다섯 오

부수 二 획수 4획

소1 4급 五

훈 いつ/いつつ — 五(いつ)か 5일 五(いつ)つ 다섯 개

음 ご — 五(ご) 오 五十音図(ごじゅうおんず) 오십음도 五人(ごにん) 다섯 명

- 五日(いつか)から試験(しけん)です。5일부터 시험입니다.
- 今日(きょう)は五人(ごにん)集(あつ)まりました。오늘은 5명 모였습니다.

六 六 六 六

六

여섯 륙

부수 八 획수 4획

소1 4급 六

훈 む/むつ/むっつ/むい — 六(むっ)つ 여섯 개 六日(むいか) 6일

음 ろく — 六(ろく) 육 六本(ろっぽん) 여섯 자루 六番(ろくばん) 6번

- みかんを六(むっ)つ買(か)いました。귤을 6개 샀습니다.
- 今日(きょう)の発表(はっぴょう)は六番(ろくばん)からです。오늘 발표는 6번부터입니다.

七 七

七

일곱 칠

부수 一 획수 2획

소1 4급 七

훈 なな/ななつ/なの — 七歳(ななさい) 일곱 살 七年(ななねん) 7년 七(なな)つ 일곱 개 七日(なのか) 7일

음 しち — 七(しち) 칠 七月(しちがつ) 7월 七時(しちじ) 일곱 시 七年(しちねん) 7년

★七夕(たなばた) : 칠석

★회화체에서 七年은 음독(しちねん)과 훈독(ななねん)의 두 가지 방법으로 읽을 수 있다.

- 妹(いもうと)は今年(ことし)七歳(ななさい)です。여동생은 올해 7살입니다.
- 毎日(まいにち)七時(しちじ)に家(いえ)を出(で)ます。매일 7시에 집을 나섭니다.

八 八

八

여덟 팔

부수 八 획수 2획

소1 4급 八

훈 や/やつ/やっつ/よう — 八百屋(やおや) 야채가게 八(やっ)つ 여덟 개 八日(ようか) 8일

음 はち — 八(はち) 팔 八枚(はちまい) 여덟 장 八本(はっぽん) 여덟 자루 八時(はちじ) 8시

비교

八 (여덟 팔)

人 (사람 인)

- 今月(こんげつ)の八日(ようか)は水曜日(すいようび)です。이번 달 8일은 수요일입니다.
- 八時(はちじ)に朝(あさ)ご飯(はん)を食(た)べます。8시에 아침밥을 먹습니다.

九

아홉 **구**

부수 乙 획수 2획
소1 4급 九

九 九

훈 ここの/ここのつ　九(ここの)つ 아홉 개　九日(ここのか) 9일

음 きゅう/く　九(きゅう/く) 구　九枚(きゅうまい) 아홉 장　九月(くがつ) 9월　九時(くじ) 9시

- 九日に日本へ行きます。 9일에 일본에 갑니다.
- 9時から授業が始まります。 9시부터 수업이 시작됩니다.

十

열 **십**

부수 十 획수 2획
소1 4급 十

十 十

훈 とお/と　十(とお) 열 개　十日(とおか) 10일　十人十色(じゅうにんといろ) 십인십색

음 じゅう/じっ　十(じゅう) 십　十個(じっこ) 열 개

★一(ひと)つ부터 十(とお)까지는 나이를 셀 때도 쓴다.

알아두기

十分(じゅうぶん/じゅっぷん)

十分은 두 가지 의미가 있다. じゅっぷん으로 읽으면 '10분'이라는 뜻이고, じゅうぶん으로 읽으면 '충분히'라는 뜻의 부사가 된다. 또 じゅうぶんだ라고 쓰면 '충분하다'라는 뜻의 형용동사가 된다. じゅうぶん으로 쓸 때는 한자를 充分이라고 쓰기도 한다.

- 授業は九時10分からです。 수업은 9시 10분부터입니다.
- まだ十分使えます。 아직 충분히 쓸 수 있습니다.
- もう十分です。 이제 충분합니다.

- 一つから十まで数えます。 하나부터 열까지 셉니다.
- 今は十時十分前です。 지금은 10시 10분 전입니다.

百

일백 **백**

부수 白 획수 6획
소1 4급 百

百 百 百 百 百 百

훈 –

음 ひゃく　百(ひゃく) 백　百点(ひゃくてん) 백점　百科事典(ひゃっかじてん) 백과사전

- 日本語で百点を取りました。 일본어에서 100점을 받았습니다.
- 父が百科事典を買ってくれました。 아빠가 백과사전을 사 주었습니다.

千

일천 천

부수 十 획수 3획

소1 4급 千

千 千 千

훈 ち	千代紙(ちよがみ) 꽃무늬 등을 인쇄한 일본 종이 千代(ちよ) 영원한 세월
음 せん	千(せん) 천 千字文(せんじもん) 천자문 千切(せんぎ)り (야채의) 채치기

비교

千 (일천 천)
干 (방패 간)

- 千代紙(ちよがみ)で人形(にんぎょう)などを作(つく)る。(일본) 종이로 인형 등을 만든다.
- 大根(だいこん)を千切(せんぎ)りにします。무를 채칩니다.

年

해 년

부수 干 획수 6획

소1 4급 年

年 年 年 年 年 年

훈 とし	年(とし) 해, 나이 年月(としつき) 세월 年下(としした) 손아래, 연하
음 ねん	年間(ねんかん) 연간 年内(ねんない) 연내 年度(ねんど) 연도

- 主人(しゅじん)は私(わたし)より年下(としした)です。남편은 나보다 연하입니다.
- 道路工事(どうろこうじ)は年内(ねんない)に終(お)えます。도로공사는 연내에 마칩니다.

月

달 월

부수 月 획수 4획

소1 4급 月

月 月 月 月

훈 つき	月(つき) 달 月(つき)の出(で) 달이 뜸 月始(つきはじ)め 월초
음 げつ/がつ	月曜日(げつようび) 월요일 満月(まんげつ) 보름달 正月(しょうがつ) 정월

알아두기

月(がつ)

월을 표현할 때는 がつ로 읽는다.

一月(いちがつ) 1월, 二月(にがつ) 2월, 三月(さんがつ) 3월, 四月(しがつ) 4월, 五月(ごがつ) 5월, 六月(ろくがつ) 6월, 七月(しちがつ) 7월, 八月(はちがつ) 8월, 九月(くがつ) 9월, 十月(じゅうがつ) 10월, 十一月(じゅういちがつ) 11월, 十二月(じゅうにがつ) 12월

□ 三月(さんがつ)からアメリカへ留学(りゅうがく)します。3월부터 미국에 유학합니다.

- たくさんの人(ひと)たちが月(つき)の出(で)を待(ま)ちます。
  많은 사람들이 달이 뜨는 것을 기다립니다.
- 今夜(こんや)は満月(まんげつ)です。오늘 밤은 보름달입니다.

火

불 화

부수 火 획수 4획

소1 4급 火

火 火 火 火

훈 ひ/ほ　火(ひ) 불　花火(はなび) 불꽃　たき火(び) 모닥불　火影(ほかげ) 불빛

음 か　火曜日(かようび) 화요일　火事(かじ) 화재　火力(かりょく) 화력

- 人(ひと)が集(あつ)まって、たき火(び)をあたります。사람들이 모여 모닥불을 쬡니다.
- このガスレンジは火力(かりょく)が強(つよ)いです。이 가스레인지는 화력이 셉니다.

水

물 수

부수 水 획수 4획

소1 4급 水

水 水 水 水

훈 みず　水(みず) 물　飲(の)み水(みず) 식수, 마실 물　塩水(しおみず) 소금물

음 すい　水曜日(すいようび) 수요일　上水(じょうすい) 상수　海水(かいすい) 해수, 바닷물

- ボタンを押(お)しましたが、水(みず)が出(で)ません。버튼을 눌렀지만 물이 나오지 않습니다.
- 水曜日(すいようび)は朝八時(あさはちじ)から会議(かいぎ)があります。수요일은 아침 8시부터 회의가 있습니다.

木

나무 목

부수 木 획수 4획

소1 4급 木

木 木 木 木

훈 き/こ　木(き) 나무　木(こ)の葉(は) 나뭇잎　木陰(こかげ) 나무그늘

음 もく/ぼく　木曜日(もくようび) 목요일　木目(もくめ) 나뭇결　大木(たいぼく) 큰 나무

★나뭇잎이라고 할 때는 木(き)の葉(は)가 아니라 木(こ)の葉(は)로 읽는 것에 주의하자.

★木綿(もめん) : 목면

- 木陰(こかげ)で休(やす)みます。나무 그늘에서 쉽니다.
- 今週(こんしゅう)の木曜日(もくようび)が私(わたし)の誕生日(たんじょうび)です。이번 주 목요일이 제 생일입니다.

金

쇠 금

부수 金 획수 8획

소1 4급 金

金 金 金 金 金 金 金 金

훈 かね/かな　お金(かね) 돈　お金持(かねも)ち 부자　金(かな)ぼう 철봉　金網(かなあみ) 철망

음 きん/こん　金曜日(きんようび) 금요일　現金(げんきん) 현금　黄金(おうごん) 황금

- 彼(かれ)は金持(かねも)ちです。그는 부자입니다.
- コンピューターは現金(げんきん)で買(か)うつもりです。
  컴퓨터는 현금으로 살 예정입니다.

土

흙 토

부수 土 획수 3획

소1 4급 土

土 土 土

훈 つち	土(つち) 흙 土色(つちいろ) 흙빛 赤土(あかつち) 붉은 흙 土(つち)いじり 흙장난
음 ど/と	土曜日(どようび) 토요일 本土(ほんど) 본토 風土(ふうど) 풍토 土地(とち) 토지

★お土産(みやげ) : 선물

비교
土 (흙 토)
王 (임금 왕)

- 顔(かお)が土色(つちいろ)に変(かわ)りました。 얼굴이 흙빛으로 바뀌었습니다.
- 土地(とち)の価格(かかく)がだんだん上(あ)がります。 토지의 가격이 점점 올라갑니다.

日

날 일

부수 日 획수 4획

소1 4급 日

日 日 日 日

훈 ひ/か	日(ひ) 해, 날 夕日(ゆうひ) 석양 二十日(はつか) 20일 三十日(みそか) 말일, 그믐날
음 にち/じつ	日曜日(にちようび) 일요일 日時(にちじ) 일시 前日(ぜんじつ) 전날

★記念日(きねんび) 기념일, 予定日(よていび), 日曜日(にちようび) 등은 연탁음(び)으로 읽는 것에 주의하자.

- 夕日(ゆうひ)に映(は)える海(うみ)。 석양에 빛나는 바다.
- 前日(ぜんじつ)はサッカーの試合(しあい)がありました。 전날에는 축구 시합이 있었습니다.

人

사람 인

부수 人 획수 2획

소1 4급 人

人 人

훈 ひと	人(ひと) 사람 人(ひと)たち 사람들 人手(ひとで) 일손, 솜씨 人目(ひとめ) 다른 사람의 눈
음 じん/にん	人生(じんせい) 인생 人名(じんめい) 인명 四人(よにん) 4명 本人(ほんにん) 본인

★大人(おとな) : 어른

- 忙(いそが)しくて人手(ひとで)が足(た)りないです。 바빠서 일손이 모자랍니다.
- 今日(きょう)は四人(よにん)が欠席(けっせき)しました。 오늘은 4명이 결석했습니다.

円

둥글 원

부수 冂 획수 4획

소1 4급 圓

円 円 円 円

훈 まるい	円(まる)い 둥글다
음 えん	円柱(えんちゅう) 원주, 원기둥 円卓(えんたく) 원탁 円形(えんけい) 원형

★円(まる)いは 丸(まる)いと라고도 쓴다. 円(まる)い는 원형이라는 것을 강조하는 경우에 주로 쓴다.

- 妹(いもうと)は円(まる)い顔(かお)です。 여동생은 둥근 얼굴입니다.
- コロセウムは円形闘技場(えんけいとうぎじょう)です。 콜로세움은 원형 투기장입니다.

毎

매양 **매**

부수 毋 획수 6획
소2 4급 每

훈 –

음 まい 毎日(まいにち) 매일 毎回(まいかい) 매번, 매회 毎月(まいつき/まいげつ) 매월

- 毎日(まいにち)日本語(にほんご)の勉強(べんきょう)をします。매일 일본어 공부를 합니다.
- 毎月(まいつき)出張(しゅっちょう)があります。매월 출장이 있습니다.

週

주일 **주**

부수 辶 획수 11획
소2 4급 週

훈 –

음 しゅう 週間(しゅうかん) 주간 今週(こんしゅう) 금주 来週(らいしゅう) 다음 주 毎週(まいしゅう) 매주

- 今週(こんしゅう)は読書週間(どくしょしゅうかん)です。금주는 독서주간입니다.
- 来週(らいしゅう)は期末試験(きまつしけん)があります。다음 주에는 기말 시험이 있습니다.

万

일만 **만**

부수 一 획수 3획
소2 4급 萬

훈 –

음 まん/ばん 万(まん) 만 一万円(いちまんえん) 만 엔 万年雪(まんねんゆき) 만년설 万国(ばんこく) 만국

★우리는 '만 원'이라고 하는 데에 비해 일본은 一万円(いちまんえん)이라고 하는 점에 주의하자.

- このかばんは一万円(いちまんえん)です。이 가방은 만 엔입니다.
- 英語(えいご)は万国共通語(ばんこくきょうつうご)だ。영어는 만국공통어이다.

曜

빛날 **요**

부수 日 획수 18획
소2 3급 曜

훈 –

음 よう 曜日(ようび) 요일 何曜日(なんようび) 무슨 요일

- 木曜日(もくようび)からアメリカ出張(しゅっちょう)です。목요일부터 미국 출장입니다.
- あさっては何曜日(なんようび)ですか。모레는 무슨 요일입니까?

回
돌아올 회

부수 口 획수 6획
소2 3급 回

回回回回回回

훈 まわる/まわす　回(まわ)る 돌다　回(まわ)す 돌리다
음 かい/え　回答(かいとう) 회답　回転(かいてん) 회전　回送(かいそう) 회송　回心(えしん) 개심 (불교)

- 子供(こども)たちがこまを回(まわ)しています。아이들이 팽이를 돌리고 있습니다.
- 回答(かいとう)がなかなか来(き)ません。회답이 좀처럼 오지 않습니다.

番
차례 번

부수 田 획수 12획
소2 番

番番番番番番番番番番番番

훈 –
음 ばん　番組(ばんぐみ) 프로그램, 방송　番号(ばんごう) 번호　番地(ばんち) 번지　一番(いちばん) 제일(부사), 일 번　当番(とうばん) 당번

- アパートの部屋(へや)の番号(ばんごう)を教(おし)えてください。
아파트 방 번호를 가르쳐 주세요.
- 私(わたし)が一番早(いちばんはや)く起(お)きた。내가 제일 먼저 일어났다.

第
차례 제

부수 竹 획수 11획
소3 第

第第第第第第第第第第第

훈 –
음 だい　第一(だいいち) 제일　第三者(だいさんしゃ) 제삼자　及第(きゅうだい) 급제　落第(らくだい) 낙제

비교
第 (차례 제)
弟 (아우 제)

- 今日(きょう)は第一課(だいいっか)を勉強(べんきょう)します。오늘은 제1과를 공부합니다.
- 今回(こんかい)の試験(しけん)に落第(らくだい)した。이번 시험에 낙제했다.

倍
곱 배

부수 亻 획수 10획
소3 倍

倍倍倍倍倍倍倍倍倍倍

훈 –
음 ばい　二倍(にばい) 두 배　倍数(ばいすう) 배수　倍率(ばいりつ) 배율　倍加(ばいか) 배가

- 四(よん)は二(に)の倍数(ばいすう)だ。4는 2의 배수이다.
- この顕微鏡(けんびきょう)の倍率(ばいりつ)は百倍(ひゃくばい)だ。이 현미경의 배율은 백배이다.

等

무리 **등**

부수 竹 획수 12획
소3 等

等 等 等 等 等 等 等 等 等 等 等 等

훈 ひとしい — 等(ひと)しい 같다, 다름없다

음 とう — 等級(とうきゅう) 등급 等分(とうぶん) 등분
一等(いっとう) 일등 上等(じょうとう) 훌륭함
特等席(とくとうせき) 특등석

★等(など) : ~등, 따위
等(ら) : ~들(복수)

- お菓子(かし)を四人(よにん)に等(ひと)しく分(わ)けてあげる。
  과자를 네 사람에게 똑같이 나누어 주다.
- 特等席(とくとうせき)を予約(よやく)する。 특등석을 예약하다.

階

섬돌 **계**

부수 阝 획수 12획
소3 階

階 階 階 階 階 階 階 階 階 階 階 階

훈 –

음 かい — 階級(かいきゅう) 계급 階層(かいそう) 계층
階段(かいだん) 계단 音階(おんかい) 음계
階上(かいじょう) 계단 위, 위층 地階(ちかい) 지하층
階下(かいか) 계단 아래

- 階段(かいだん)で転(ころ)んでけがをする。 계단에서 넘어져 다치다.
- 地階(ちかい)へ下(お)りて駐車場(ちゅうしゃじょう)に行(い)く。 지하층으로 내려가서 주차장에 가다.

号

부르짖을 **호**

부수 口 획수 5획
소3 號

号 号 号 号 号

훈 –

음 ごう — 号令(ごうれい) 호령, 구령 暗号(あんごう) 암호
記号(きごう) 기호 信号(しんごう) 신호
年号(ねんごう) 연호 番号(ばんごう) 번호

- 暗号文(あんごうぶん)を解読(かいどく)する。 암호문을 해독하다.
- 通帳(つうちょう)の暗証番号(あんしょうばんごう)をメモしておく。 통장 비밀번호를 메모해 두다.

皿

그릇 **명**

부수 皿 획수 5획
소3 皿

皿 皿 皿 皿 皿

훈 さら — 皿(さら) 접시 灰皿(はいざら) 재떨이
小皿(こざら) 작은 접시 紙皿(かみざら) 종이접시

음 –

비교
皿 (그릇 명)
血 (피 혈)

- 皿(さら)にきれいに料理(りょうり)をもる。 접시에 예쁘게 요리를 담다.
- 紙皿(かみざら)を十個(じゅっこ)買(か)います。 종이 접시를 10개 삽니다.

조수사 · 요일과 날짜

	～つ	階(かい)	円(えん)	人(にん)	回(かい)	皿(さら)	番(ばん)
	개수	층	화폐단위 (엔)	사람 세기 (명)	횟수 (회, 번)	요리, 접시	순서
1	一つ(ひと)	一階(いっかい)	一円(いちえん)	一人(ひとり)	一回(いっかい)	*一皿(ひとさら)	一番(いちばん)
2	二つ(ふた)	二階(にかい)	二円(にえん)	二人(ふたり)	二回(にかい)	*二皿(ふたさら)	二番(にばん)
3	三つ(みっ)	三階(さんかい)・三階(さんがい)	三円(さんえん)	三人(さんにん)	三回(さんかい)	三皿(さんさら)	三番(さんばん)
4	四つ(よっ)	四階(よんかい)	四円(よえん)	四人(よにん)	四回(よんかい)	四皿(よんさら)	四番(よんばん)
5	五つ(いつ)	五階(ごかい)	五円(ごえん)	五人(ごにん)	五回(ごかい)	五皿(ごさら)	五番(ごばん)
6	六つ(むっ)	六階(ろっかい)	六円(ろくえん)	六人(ろくにん)	六回(ろっかい)	六皿(ろくさら)	六番(ろくばん)
7	七つ(なな)	七階(ななかい)	七円(ななえん)	七人(しちにん)	七回(ななかい)	七皿(ななさら)	七番(ななばん)
8	八つ(やっ)	八階(はちかい)	八円(はちえん)	八人(はちにん)	八回(はちかい)	八皿(はちさら)	八番(はちばん)
9	九つ(ここの)	九階(きゅうかい)	九円(きゅうえん)	九人(きゅうにん)・九人(くにん)	九回(きゅうかい)	九皿(きゅうさら)	九番(きゅうばん)
10	十(とお)	十階(じゅっかい)・十階(じっかい)	十円(じゅうえん)	十人(じゅうにん)	十回(じゅっかい)・十回(じっかい)	十皿(じゅっさら)	十番(じゅうばん)
何(なん)	いくつ (몇 개)	何階(なんがい) (몇 층)	いくら (얼마)	何人(なんにん) (몇 사람)	何回(なんかい) (몇 회)	何皿(なんさら) (몇 접시)	何番(なんばん)

日曜日(にちようび)	月曜日(げつようび)	火曜日(かようび)	水曜日(すいようび)	木曜日(もくようび)	金曜日(きんようび)	土曜日(どようび)
		1日 (ついたち)	2日 (ふつか)	3日 (みっか)	4日 (よっか)	5日 (いつか)
6日 (むいか)	7日 (なのか)	8日 (ようか)	9日 (ここのか)	10日 (とおか)	11日 (じゅういちにち)	12日 (じゅうににち)
13日 (じゅうさんにち)	14日 (じゅうよっか)	15日 (じゅうごにち)	16日 (じゅうろくにち)	17日 (じゅうしちにち)	18日 (じゅうはちにち)	19日 (じゅうくにち)
20日 (はつか)	21日 (にじゅういちにち)	22日 (にじゅうににち)	23日 (にじゅうさんにち)	24日 (にじゅうよっか)	25日 (にじゅうごにち)	26日 (にじゅうろくにち)
27日 (にじゅうしちにち)	28日 (にじゅうはちにち)	29日 (にじゅうくにち)	30日 (さんじゅうにち)	31日 (さんじゅういちにち)		

03_집과 가족

이 단원에서 배울 한자

男 사내 남
女 계집 녀
子 아들 자
電 번개 전
話 말씀 화
父 아비 부
母 어미 모
長 긴 장
親 친할 친
姉 손윗누이 자
妹 누이 매
兄 형 형
弟 아우 제
家 집 가
台 대 대
才 재주 재
戸 집 호
屋 집 옥
所 바 소
住 살 주
部 떼 부
具 갖출 구
庭 뜰 정
柱 기둥 주
庫 곳집 고
受 받을 수
箱 상자 상
客 손 객
様 모양 양
両 두 량
次 버금 차
息 쉴 식
他 다를 타
建 세울 건
私 사사 사
倉 곳집 창

- 一(2단원)
- 三(2단원)
- 人(2단원)

いえ 家 집
りょうしん 両親 양친
とう お父さん 아버지
かあ お母さん 어머니
かぐ 家具 가구
へや 部屋 방
はしら 柱 기둥
でんわ 電話 전화
そうこ 倉庫 창고
す 住む 살다
わたし 私 나
じじょ 次女 차녀
しまい 姉妹 자매
むすこ 息子 아들
ちょうなん 長男 장남
きょうだい 兄弟 형제
さんさい 三才 세 살
たにん 他人 타인

男 男 男 男 男 男 男

男

사내 **남**

부수 田 획수 7획

소1 4급 男

훈 おとこ	男(おとこ) 남자 男(おとこ)の学生(がくせい) 남학생 男前(おとこまえ) 남자다운 용모
음 だん/なん	男女(だんじょ, なんにょ) 남녀 男性(だんせい) 남성 長男(ちょうなん) 장남

★첫글자일 때는 주로 [だん]으로 읽고, 뒤에 올 때는 [なん]으로 읽는 경우가 많다.

- 男(おとこ)らしい男(おとこ)になりたいです。 남자다운 남자가 되고 싶습니다.
- 彼(かれ)は次男(じなん)です。 그는 차남입니다.

女 女 女

女

계집 **녀**

부수 女 획수 3획

소1 4급 女

훈 おんな/め	女(おんな) 여자 女(おんな)の学生(がくせい) 여학생 乙女(おとめ) 소녀
음 じょ/にょ/にょう	女性(じょせい) 여성 少女(しょうじょ) 소녀 女房(にょうぼう) 아내, 집사람

- 女(おんな)の学生三人(がくせいさんにん)が歩(ある)いています。 여학생 3명이 걷고 있습니다.
- 妹(いもうと)は女子大(じょしだい)に通(かよ)っています。 여동생은 여자대학에 다니고 있습니다.

子 子 子

子

아들 **자**

부수 子 획수 3획

소1 4급 子

훈 こ	子(こ) 아이 子供(こども) 아이 子(こ)ねこ 새끼 고양이 息子(むすこ)さん 아드님
음 し/す	帽子(ぼうし) 모자 男子(だんし) 남자 椅子(いす) 의자 様子(ようす) 모양

- 息子(むすこ)さんは何歳(なんさい)ですか。 아드님은 몇 살입니까?
- 新(あたら)しい帽子(ぼうし)を買(か)います。 새 모자를 삽니다.

電 電 電 電 電 電 電 電 電 電 電 電 電

電

번개 **전**

부수 雨 획수 13획

소2 4급 電

훈 –	
음 でん	電気(でんき) 전기 電車(でんしゃ) 전철 電話(でんわ) 전화 電力(でんりょく) 전력

- 電気工学(でんきこうがく)を勉強(べんきょう)します。 전기공학을 공부합니다.
- 新(あたら)しい電話番号(でんわばんごう)を知(し)らせます。 새로운 전화번호를 알립니다.

話

말씀 화

부수 言 획수 13획

소2 4급 話

話話話話話話話話話話話話話

훈 はなす/はなし — 話(はな)す 말하다 話(はなし) 말, 이야기 / 話(はな)し方(かた) 말투, 말하는 법

음 わ — 会話(かいわ) 회화 話題(わだい) 화제 / 話法(わほう) 화법 神話(しんわ) 신화

★話(はな)しが 아니라 話(はなし)임에 주의하자.

- 大(おお)きな声(こえ)で話(はな)してください。큰 소리로 말해 주세요.
- 今度(こんど)の話題(わだい)は簡単(かんたん)です。이번 화제는 간단합니다.

父

아비 부

부수 父 획수 4획

소2 4급 父

父父父父

훈 ちち — 父(ちち) 아빠 父親(ちちおや) 아버지 / 父(ちち)の日(ひ) 아버지의 날

음 ふ — 父母(ふぼ) 부모 父兄(ふけい) 부형, 학부형

★お父(とう)さん : 아버지
叔父(おじ) : 부모의 형제

- 六月(ろくがつ)の第三日曜日(だいさんにちようび)が父(ちち)の日(ひ)です。6월 세째 일요일이 아버지의 날입니다.
- 父兄(ふけい)と先生(せんせい)との相談(そうだん)があります。학부형과 선생님의 상담이 있습니다.

母

어미 모

부수 毋 획수 5획

소2 4급 母

母母母母母

훈 はは — 母(はは) 엄마 母親(ははおや) 어머니 / 母(はは)の日(ひ) 어머니의 날

음 ぼ — 母音(ぼいん) 모음 祖母(そぼ) 할머니 / 分母(ぶんぼ) 분모

★お母(かあ)さん : 어머니
乳母(うば) : 유모
叔母(おば) : 부모의 자매
母屋(おもや) : 안채, 본가

- 五月(ごがつ)の第二日曜日(だいににちようび)が母(はは)の日(ひ)です。5월 제2 일요일이 어머니의 날입니다.
- 日本語(にほんご)の母音(ぼいん)は五(いつ)つです。일본어 모음은 5개입니다.

長

긴 장

부수 長 획수 8획

소2 4급 長

長長長長長長長長

훈 ながい — 長(なが)い 길다 長靴(ながぐつ) 장화

음 ちょう — 長短(ちょうたん) 장단 長所(ちょうしょ) 장점 / 校長(こうちょう) 교장

★장점을 長点(ちょうてん)이 아닌 長所(ちょうしょ)라고 하는 것에 주의하자.

- 長(なが)いスカートをはきます。긴 스커트를 입습니다.
- だれでも長所(ちょうしょ)はあります。누구라도 장점은 있습니다.

親親親親親親親親親親親親親親親親

親
친할 친

부수 見 획수 16획
소2 3급 親

훈 おや/したしい/したしむ	親(おや) 부모 親子(おやこ) 부모와 자식 親(した)しい 친하다 親(した)しむ 친하게 지내다
음 しん	親類(しんるい)=親戚(しんせき) 친척 親友(しんゆう) 친구 親切(しんせつ) 친절

비교
親 (친할 친)
新 (새로울 신)

• 小学校(しょうがっこう)の時(とき)から親(した)しい友達(ともだち)です。 초등학교 때부터 친한 친구입니다.

• あの店(みせ)の人(ひと)は親切(しんせつ)です。 저 가게 사람은 친절합니다.

姉姉姉姉姉姉姉姉

姉
손윗누이 자

부수 女 획수 8획
소2 3급 姉

훈 あね	姉(あね) 언니, 누나
음 し	姉妹(しまい) 자매

★お姉(ねえ)さん : 언니, 누나

• 姉(あね)はアメリカに留学(りゅうがく)しています。 언니는 미국에서 유학하고 있습니다.

• 仲(なか)のよい姉妹(しまい)です。 사이좋은 자매입니다.

妹妹妹妹妹妹妹妹

妹
누이 매

부수 女 획수 8획
소2 3급 妹

훈 いもうと	妹(いもうと) 여동생
음 まい	姉妹(しまい) 자매 弟妹(ていまい) 남동생과 여동생

비교
妹 (누이 매)
姉 (손윗누이 자)

• 妹(いもうと)は銀行員(ぎんこういん)です。 여동생은 은행원입니다.

• 京都(きょうと)とパリは姉妹都市(しまいとし)です。 교토와 파리는 자매도시입니다.

兄兄兄兄兄

兄
형 형

부수 儿 획수 5획
소2 3급 兄

훈 あに	兄(あに) 형, 오빠 兄嫁(あによめ) 형수
음 けい/きょう	長兄(ちょうけい) 맏형 兄弟(きょうだい) 형제

★お兄(にい)さん : 형님, 오빠
従兄弟(いとこ) : 사촌

• 兄(あに)は高校生(こうこうせい)です。 형은(오빠는) 고등학생입니다.

• 兄弟(きょうだい)皆(みんな)、結婚(けっこん)しています。 형제 모두 결혼했습니다.

弟
아우 제

부수 弓 획수 7획
소2 3급 弟

弟 弟 弟 弟 弟 弟 弟

훈 おとうと　弟(おとうと) 남동생

음 てい/だい/で　子弟(してい) 자제　兄弟(きょうだい) 형제
弟子(でし) 제자

- 弟(おとうと)さんは何歳(なんさい)ですか。 남동생분은 몇 살입니까?
- 私(わたし)は有名(ゆうめい)な先生(せんせい)の弟(でし)になりました。 저는 유명한 선생님의 제자가 되었습니다.

家
집 가

부수 宀 획수 10획
소2 3급 家

家 家 家 家 家 家 家 家 家 家

훈 いえ/や　家(いえ) 집　家主(いえぬし/やぬし) 집주인

음 か/け　家族(かぞく) 가족　家内(かない) 아내
国家(こっか) 국가　本家(ほんけ) 본가

- 友達(ともだち)の家(いえ)に遊(あそ)びに行(い)きます。 친구 집에 놀러 갑니다.
- 三年前(さんねんまえ)に家内(かない)と結婚(けっこん)しました。 3년 전에 아내와 결혼했습니다.

★주로 家(いえ)는 집, 家(うち)는 가정을 의미한다.

★家는 音楽家(おんがくか) 음악가, 美術家(びじゅつか) 미술가, 画家(がか) 화가 등 직업을 나타낼 때 쓰이기도 한다.

台
대 대

부수 口 획수 5획
소2 3급 臺

台 台 台 台 台

훈 –

음 だい/たい　台所(だいどころ) 부엌　台地(だいち) 대지, 주위보다 좀 높고 평평한 땅　一台(いちだい) 1대
台風(たいふう) 태풍

- 台所(だいどころ)で料理(りょうり)を作(つく)っています。 부엌에서 요리를 만들고 있습니다.
- 台地(だいち)に二階建(にかいだ)ての家(いえ)を建(た)てます。 대지에 2층짜리 집을 세웁니다.

才
재주 재

부수 扌 획수 3획
소2 才

才 才 才

훈 –

음 さい　才能(さいのう) 재능　天才(てんさい) 천재
英才(えいさい) 영재　三才(さんさい) 세 살

- 息子(むすこ)は絵(え)の才能(さいのう)がある。 아들은 그림의 재능이 있다.
- うちの子供(こども)は今年(ことし)3才(さい)になる。 우리 아이는 올해 세 살이 된다.

★연령을 나타낼 때는 歳(さい)로 쓰기도 한다.

비교
才 (재주 재)
木 (나무 목)

戸

집 호

부수 戸 획수 4획
소2 戶

戸 戸 戸 戸

훈	と	戸(と) 문 戸締(とじ)まり 문단속 井戸(いど) 우물
음	こ	戸口(ここう) 호구 戸籍(こせき) 호적 一戸建(いっこだ)て 단독주택

- 戸締(とじ)まりをきちんとして出(で)かける。문단속을 확실히 하고 외출한다.
- 結婚(けっこん)すると戸籍(こせき)が変(か)わる。결혼하면 호적이 바뀐다.

屋

집 옥

부수 尸 획수 9획
소3 3급 屋

屋 屋 屋 屋 屋 屋 屋 屋 屋

훈	や	部屋(へや) 방 本屋(ほんや) 책방 肉屋(にくや) 정육점 屋根(やね) 지붕
음	おく	屋上(おくじょう) 옥상 屋外(おくがい) 옥외 社屋(しゃおく) 사옥

- 本社(ほんしゃ)を新(あたら)しい社屋(しゃおく)に移(うつ)します。본사를 새 사옥으로 옮깁니다.
- 花屋(はなや)と本屋(ほんや)の間(あいだ)に郵便局(ゆうびんきょく)があります。꽃가게와 책방 사이에 우체국이 있습니다.

所

바 소

부수 戸 획수 8획
소3 3급 所

所 所 所 所 所 所 所 所

훈	ところ	所(ところ) 곳 台所(だいどころ) 부엌
음	しょ	所見(しょけん) 소견 所得(しょとく) 소득 所要(しょよう) 소요

- 静(しず)かな所(ところ)が好(す)きです。조용한 곳을 좋아합니다.
- 去年(きょねん)より所得(しょとく)が増(ふ)えました。작년보다 소득이 늘어났습니다.

住

살 주

부수 亻 획수 7획
소3 3급 住

住 住 住 住 住 住 住

훈	すむ/すまう	住(す)む=住(す)まう 살다 (주거를 의미) お住(す)まい 사는 곳 住(す)み心地(ごこち) 사는 느낌, 살기
음	じゅう	住所(じゅうしょ) 주소 住宅(じゅうたく) 주택 住民(じゅうみん) 주민

비교
住 (살 주)
主 (주인 주)

- 姉(あね)は名古屋(なごや)に住(す)んでいます。언니(누나)는 나고야에 살고 있습니다.
- 後(あと)でお名前(なまえ)と住所(じゅうしょ)を知(し)らせてください。나중에 성함과 주소를 알려주세요.

部
떼 부

부수 阝 획수 11획
소3 部

部部部部部部部部部部部

훈 –
음 ぶ　部下(ぶか) 부하　部首(ぶしゅ) 부수　部長(ぶちょう) 부장　部品(ぶひん) 부품　部分(ぶぶん) 부분　一部(いちぶ) 일부　全部(ぜんぶ) 전부　大部分(だいぶぶん) 대부분　部数(ぶすう) 부수

★部屋(へや) : 방

- 車(くるま)の後部(こうぶ)に傷(きず)ができた。 차 뒷부분에 흠집이 생겼다.
- 小説(しょうせつ)の発行(はっこう)部数(ぶすう)は一万部(いちまんぶ)だ。 소설책 발행부수는 만 부이다.

具
갖출 구

부수 八 획수 8획
소3 具

具具具具具具具具

훈 そなえる/そなわる　具(そな)える 갖추다　具(そな)わる 갖춰지다
음 ぐ　具備(ぐび) 구비　器具(きぐ) 기구　具合(ぐあい) 상태　具体的(ぐたいてき) 구체　家具(かぐ) 가구

비교
具 (갖출 구)
貝 (조개 패)

- その部屋(へや)にはいろんな家具(かぐ)が具(そな)えております。
  그 방에는 여러 가지 가구가 갖춰져 있습니다.
- 事務所(じむしょ)に新(あたら)しいコピー機(き)を具備(ぐび)する。 사무실에 새 복사기를 구비한다.

庭
뜰 정

부수 广 획수 10획
소3 庭

庭庭庭庭庭庭庭庭庭庭

훈 にわ　庭(にわ) 정원, 마당　庭先(にわさき) 툇마루　庭石(にわいし) 정원석　裏庭(うらにわ) 뒤뜰
음 てい　庭園(ていえん) 정원　家庭(かてい) 가정　校庭(こうてい) 교정

- 裏庭(うらにわ)から音(おと)が聞(き)こえてくる。 뒤뜰에서 소리가 들려온다
- 校庭(こうてい)に集(あつ)まってバスケットをする。 교정에 모여 농구를 한다.

柱
기둥 주

부수 木 획수 9획
소3 柱

柱柱柱柱柱柱柱柱柱

훈 はしら　柱(はしら) 기둥　火柱(ひばしら) 불기둥
음 ちゅう　電柱(でんちゅう) 전신주　鉄柱(てっちゅう) 쇠기둥　円柱(えんちゅう) 원기둥

비교
柱 (기둥 주)
注 (부을 주)
住 (살 주)

- 遠(とお)くから火柱(ひばしら)が見(み)える。 멀리서 불기둥이 보인다.
- 道路(どうろ)に電柱(でんちゅう)が並(なら)んでいる。 도로에 전신주가 늘어서 있다.

庫

庫 庫 庫 庫 庫 庫 庫 庫 庫 庫

곳집 고

부수 广 획수 10획

소3 庫

훈 –

음 こ/く　金庫(きんこ) 금고 車庫(しゃこ) 차고 倉庫(そうこ) 창고 文庫(ぶんこ) 문고 冷蔵庫(れいぞうこ) 냉장고 書庫(しょこ) 서고, 문고 庫裏(くり) 절의 부엌

- 金庫(きんこ)の中(なか)にお金(かね)が入(はい)っている。 금고 안에 돈이 들어 있다.
- 書庫(しょこ)に本(ほん)がいっぱいある。 서고에 책이 가득 있다.

受

受 受 受 受 受 受 受 受

받을 수

부수 又 획수 8획

소3 受

훈 うかる/うける　受(う)かる 합격하다 受(う)ける 받다, (시험을) 보다 受(う)け付(つ)ける 접수하다 受(う)け取(と)る 받다 受(う)け身(み) 수동

음 じゅ　受験(じゅけん) 수험 受話器(じゅわき) 수화기 受信(じゅしん) 수신 受理(じゅり) 수리

- 今(いま)から書類(しょるい)を受付(うけつけ)します。 지금부터 서류를 접수합니다.
- 受話器(じゅわき)から変(へん)な音(おと)が聞(き)こえる。 수화기에서 이상한 소리가 들려온다.

箱

箱 箱 箱 箱 箱 箱 箱 箱 箱 箱 箱 箱 箱 箱 箱

상자 상

부수 竹 획수 15획

소3 箱

훈 はこ　箱(はこ) 상자 木箱(きばこ) 나무상자 小箱(こばこ) 작은 상자 筆箱(ふでばこ) 필통

음 –

- りんごと梨(なし)を木箱(きばこ)に入(い)れて保管(ほかん)する。
  사과와 배를 나무 상자에 넣어 보관한다.
- 鉛筆(えんぴつ)とペンを筆箱(ふでばこ)から出(だ)す。 연필과 펜을 필통에서 꺼낸다.

客

客 客 客 客 客 客 客 客 客

손 객

부수 宀 획수 9획

소3 客

훈 –

음 きゃく/かく　客(きゃく) 손님 客席(きゃくせき) 객석 客間(きゃくま) 객실 客観(きゃっかん) 객관 観客(かんきゃく) 관객 客年(かくねん) 객년, 작년

비교
客 (손 객)
各 (각각 각)

- 観客(かんきゃく)を喜(よろこ)ばせる。 관객을 기쁘게 한다.
- 公演場(こうえんじょう)の客席(きゃくせき)は人(ひと)でいっぱいだった。
  공연장의 객석은 사람으로 가득 찼다.

様

모양 양

부수 木 획수 14획

소3 様

様 様 様 様 様 様 様 様 様 様 様 様 様 様

훈	さま	様(さま) 모양, ~님 様々(さまざま) 여러 가지, 가지각색 皆様(みなさま) 여러분
음	よう	様子(ようす) 모습 様態(ようたい) 양태, 양상 一様(いちよう) 같음, 한결 같음 同様(どうよう) 같음, 마찬가지임, 다름없음

- 皆様(みなさま)にお知(し)らせします。 여러분에게 알려드립니다.
- もう少(すこ)し様子(ようす)を見(み)てから、決(き)めても遅(おそ)くない。 좀 더 상황을 지켜본 뒤에 결정해도 늦지 않다.

両

두 량

부수 一 획수 6획

소3 兩

両 両 両 両 両 両

훈	–	
음	りょう	両替(りょうがえ) 환전 両側(りょうがわ) 양측 両手(りょうて) 양손 両足(りょうあし) 양발 両親(りょうしん) 양친 両方(りょうほう) 양쪽 両面(りょうめん) 양면

- 両手(りょうて)を挙(あ)げて背伸(せの)びをする。 양손을 들고 기지개를 켠다.
- ご両親(りょうしん)はどこに住(す)んでいらっしゃいますか。 부모님은 어디에 사십니까?

次

버금 차

부수 欠 획수 6획

소3 次

次 次 次 次 次 次

훈	つぐ/つぎ	次(つ)ぐ 잇따르다, 버금가다 次(つぎ) 다음 次々(つぎつぎ)に 잇달아
음	し/じ	次第(しだい)に 차츰 次点(じてん) 차점 次男(じなん) 차남 順次(じゅんじ) 순차 席次(せきじ) 석차 目次(もくじ) 목차

- 本(ほん)を買(か)ったらまず目次(もくじ)を見(み)る。 책을 사면 먼저 목차를 본다.
- 次(つぎ)は君(きみ)の順番(じゅんばん)だ。 다음은 네 차례다.

息

쉴 식

부수 心 획수 10획

소3 息

息 息 息 息 息 息 息 息 息 息

훈	いき	息(いき) 숨, 입김 ため息(いき) 한숨 一息(ひといき)=息抜(いきぬ)き 잠깐 쉼, 단숨
음	そく	休息(きゅうそく) 휴식 子息(しそく) 자식 消息(しょうそく) 소식

★息子(むすこ) : 아들
息吹(いぶき) : 호흡, 활기

- 昨日(きのう)のことを考(かんが)えたらため息(いき)が出(で)る。 어제 일을 생각하면 한숨이 나온다.
- 山登(やまのぼ)りの途中(とちゅう)で休息(きゅうそく)を取(と)る。 등산 도중에 휴식을 취한다.

他

다를 **타**

부수 亻 획수 5획

소3 他

훈 ほか — 他(ほか)に 그 밖에

음 た — 他人(たにん) 타인　他意(たい) 다른 뜻
他国(たこく) 타국　自他(じた) 자타
他界(たかい) 타계　その他(た) 그 외, 기타

- 他に買いたいものはないですか。 그 밖에 사고 싶은 것은 없습니까?
- 他人のことを勝手に言ってはいけない。
타인의 일을 함부로 말해서는 안 된다.

建

세울 **건**

부수 廴 획수 9획

3급 建

훈 たてる/たつ — 建(た)てる 세우다　建(た)つ 세워지다
建物(たてもの) 건물　建(た)てなおす 개축하다

음 けん/こん — 建国(けんこく) 건국　建設(けんせつ) 건설
再建(さいけん) 재건　建立(こんりゅう) 건립

- 五階建のビルを建てます。 5층짜리 빌딩을 세웁니다.
- 二月十一日が日本の建国記念の日です。
2월 11일이 일본의 건국기념일입니다.

私

사사 **사**

부수 禾 획수 7획

3급 私

훈 わたくし — 私(わたくし) 저　私立(わたくしりつ) 사립

음 し — 私立(しりつ) 사립　私生活(しせいかつ) 사생활
私用(しよう) 사적인 볼일　私鉄(してつ) 사철, 민영철도

★私立은 음독(しりつ)과 훈독(わたくしりつ)의 두 가지 방법으로 읽을 수 있다.

- 私は本田と申します。 저는 혼다라고 합니다.
- すみません、ちょっと私用で出かけます。
미안합니다, 잠깐 개인적인 볼일로 외출합니다.

倉

곳집 **창**

부수 𠆢 획수 10획

참고 소4 倉

훈 くら — 倉(くら) 창고, 곳간　倉入(くらい)れ 입고
倉出(くらだ)し 출고

음 そう — 倉庫(そうこ) 창고

- すべての商品は物流センターに倉入れされます。
모든 상품은 물류센터에 입고됩니다.
- 倉庫地下で火事が発生した。 창고 지하에서 화재가 발생하였다.

한자의 필순 ①

한자의 필순은 오랜 시간에 걸쳐 만들어졌다. 그런데 같은 한자라도 일본과 우리나라는 필순이 조금씩 달라서 혼동이 생기는 경우도 있다.

여기에서는 일본에서 쓰는 한자 필순의 전반적인 기준을 살펴보도록 하자. 한국, 중국, 일본 세 나라가 한자 문화권이면서 약간씩 한자를 쓰는 순서가 다르다고는 하지만, 그 기본은 크게 다르지 않다. 잘 익혀 두면 한자 쓰기에 많은 도움이 될 것이다.

1. 위에서 밑으로

예 三 ▶ 三 三 三

2. 왼쪽에서 오른쪽으로

예 州 ▶ 州 州 州 州 州 州

3. 세로획과 가로획이 교차되는 경우에는 가로획부터 쓴다.

예 十 ▶ 十 十

4. 세로획이 2개 이상이어도 가로 획부터 쓴다.

예 形 ▶ 形 形 形 形 形 形 形

5. 가로획이 2개 이상이어도 가로획부터 쓴다.

예 通 ▶ 通 通 通 通 通 通 通 通 通 通

6. 왼쪽, 중앙, 오른쪽으로 나누어서 중앙이 세로획인 경우에는 가운데부터 쓴다.

예 水 ▶ 水 水 水 水

7. 중앙의 세로획이 복잡해도 중앙부터 쓴다.

예 赤 ▶ 赤 赤 赤 赤 赤 赤 赤

8. 바깥쪽이 둘러 쌓여 있는 경우에는 바깥쪽부터 쓴다.

예 目 ▶ 目 目 目 目 目

※ 단 区, 医는 다음의 순서로 쓴다.

예 区 ▶ 区 区 区 区

医 ▶ 医 医 医 医 医 医 医

9. 좌우로 삐치는 획일 경우에는 왼쪽으로 삐치는 획을 먼저 쓴다.

예 人 ▶ 人 人

04_신체

이 단원에서 배울 한자

- 目 눈 목
- 口 입 구
- 耳 귀 이
- 手 손 수
- 足 발 족
- 力 힘 력
- 頭 머리 두
- 顔 낯 안
- 首 머리 수
- 毛 터럭 모
- 服 옷 복
- 鼻 코 비
- 指 가리킬 지
- 歯 이 치
- 血 피 혈
- 皮 가죽 피
- 全 온전 전
- 身 몸 신
- 膚 살갗 부

ゆび
指 손가락
あたま
頭 머리
ぜんしん
全身
전신
かお
顔 얼굴
くび
首 목
ひふ
皮膚
피부
ちから
力
힘
け
毛 털
て
手 손
이 맛이야!
ち
血 피
あし
足 발

目

눈 목

부수 目 획수 5획

소1 4급 目

目 目 目 目 目

훈 め/ま	目(め) 눈 目薬(めぐすり) 안약 目下(めした) 손아랫사람 目見(まみ) (사물을 보는) 눈매	
음 もく/ぼく	目次(もくじ) 목차 名目(めいもく) 명목 面目(めんぼく) 면목	

비교
目 (눈 목)
日 (날 일)

• 薬屋(くすりや)で目薬(めぐすり)を買(か)います。 약국에서 안약을 삽니다.

• 本(ほん)の目次(もくじ)を見(み)てください。 책의 목차를 봐 주세요.

口

입 구

부수 口 획수 3획

소1 4급 口

口 口 口

훈 くち	口(くち) 입 入(い)り口(ぐち) 입구 出口(でぐち) 출구 口元(くちもと) 입가
음 こう/く	口実(こうじつ) 구실, 핑계 口座(こうざ) 계좌 口調(くちょう) 어조

• 入(い)り口(ぐち)はあそこです。 입구는 저쪽입니다.

• 口座番号(こうざばんごう)を教(おし)えてください。 계좌번호를 가르쳐 주세요.

耳

귀 이

부수 耳 획수 6획

소1 4급 耳

耳 耳 耳 耳 耳 耳

훈 みみ	耳(みみ) 귀 耳打(みみう)ち 귓속말 初耳(はつみみ) 처음 들음 耳元(みみもと) 귓전
음 じ	耳鼻科(じびか) 이비인후과 耳目(じもく) 이목

• おばあさんは耳(みみ)が遠(とお)いです。 할머니는 귀가 어둡습니다.

• 母(はは)は耳鼻科(じびか)に通(かよ)います。 엄마는 이비인후과에 다닙니다.

手

손 수

부수 手 획수 4획

소1 4급 手

手 手 手 手

훈 て/た	手(て) 손 手紙(てがみ) 편지 手作(てづく)り 손수 만듦, 수제 手綱(たづな) 말고삐
음 しゅ	手法(しゅほう) 수법 歌手(かしゅ) 가수 拍手(はくしゅ) 박수 助手(じょしゅ) 조수

★下手(へた) : 서투름
上手(じょうず) : 능숙함

• これは手作(てづく)りのケーキです。 이것은 손수 만든 케이크입니다.

• 起立拍手(きりつはくしゅ)を送(おく)ります。 기립박수를 보냅니다.

足

발 족

부수 足 획수 7획

소1 4급 足

足 足 足 足 足 足 足

훈 あし/たりる/たる/たす	足(あし) 발 足首(あしくび) 발목 足(た)りる 족하다 足(た)る 족하다 足(た)す 더하다
음 そく	不足(ふそく) 부족 充足(じゅうそく) 충족 満足(まんぞく) 만족

- 二(に)に三(さん)を足(た)すと五(ご)になります。 2에 3을 더하면 5가됩니다.
- この頃(ごろ)は寝不足(ねぶそく)で大変(たいへん)です。 요즘은 잠 부족으로 힘듭니다.

力

힘 력

부수 力 획수 2획

소1 3급 力

力 力

훈 ちから	力(ちから) 힘 力試(ちからだめ)し (체력, 능력 등을) 시험해 봄 力持(ちからも)ち 힘이 셈
음 りょく/りき	努力(どりょく) 노력 学力(がくりょく) 학력 強力(きょうりょく) 강력 速力(そくりょく) 속력 力点(りきてん) 역점 自力(じりき) 자력

- 科学(かがく)の力(ちから)はすばらしいです。 과학의 힘은 굉장합니다.
- 今週(こんしゅう)の金曜日(きんようび)に学力検査(がくりょくけんさ)を行(おこな)います。 이번 주 금요일에 학력검사를 행합니다.

頭

머리 두

부수 頁 획수 16획

소2 3급 頭

頭 頭 頭 頭 頭 頭 頭 頭 頭 頭 頭 頭 頭 頭 頭 頭

훈 あたま/かしら	頭(あたま) 머리 頭金(あたまきん) 계약금, 착수금 頭文字(かしらもじ) 머리 글자
음 とう/ず/と	頭角(とうかく) 두각 先頭(せんとう) 선두 年頭(ねんとう) 연두 頭痛(ずつう) 두통

비교
頭 (머리 두)
顔 (낯 안)

- 頭金(あたまきん)は現金(げんきん)で払(はら)います。 계약금은 현금으로 지불합니다.
- 医学界(いがくかい)で頭角(とうかく)を現(あらわ)します。 의학계에서 두각을 나타냅니다.

顔

낯 안

부수 頁 획수 18획

소2 3급 顔

顔 顔 顔 顔 顔 顔 顔 顔 顔 顔 顔 顔 顔 顔 顔 顔 顔 顔

훈 かお	顔(かお) 얼굴 顔色(かおいろ) 얼굴색, 안색 顔(かお)つき 표정, 생김새
음 がん	顔面(がんめん) 안면 顔料(がんりょう) 안료, 그림 물감 顔色(がんしょく) 안색

★顔色(안색)은 음독(がんしょく)과 훈독(かおいろ)의 두 가지 방법으로 읽을 수 있다.

- 寒(さむ)くて顔(かお)が赤(あか)くなります。 추워서 얼굴이 빨개집니다.
- 顔料(がんりょう)とは絵(え)の具(ぐ)のことを意味(いみ)します。 안료란 그림 물감을 의미합니다.

首

머리 수

부수 首 획수 9획

소2 3급 首

首 首 首 首 首 首 首 首 首

훈 くび　首(くび) 목　足首(あしくび) 발목

음 しゅ　首都(しゅと) 수도　首席(しゅせき) 수석　首相(しゅしょう) 수상

- 足首(あしくび)をねんざして動(うご)けません。발목을 삐어서 움직일 수 없습니다.
- 兄(あに)は大学(だいがく)を首席(しゅせき)で卒業(そつぎょう)しました。형은 대학을 수석으로 졸업했습니다.

毛

터럭 모

부수 毛 획수 4획

소2 毛

毛 毛 毛 毛

훈 け　毛(け) 털　毛糸(けいと) 털실

음 もう　毛布(もうふ) 모포　羊毛(ようもう) 양모　不毛(ふもう) 불모　二毛作(にもうさく) 이모작

비교
毛 (터럭 모)
手 (손 수)

- 母(はは)から毛糸(けいと)のセーターをもらった。엄마에게 털실로 짠 스웨터를 받았다.
- 砂漠(さばく)は不毛(ふもう)の地(ち)である。사막은 불모지이다.

服

옷 복

부수 月 획수 8획

소3 3급 服

服 服 服 服 服 服 服 服

훈 –

음 ふく　服(ふく) 옷　洋服(ようふく) 양복(서양 옷을 의미)　和服(わふく) 일본 옷(기모노)　服務(ふくむ) 복무

- 和服(わふく)を着(き)てみたいです。기모노를 입어 보고 싶습니다.
- 服務規程(ふくむきてい)を守(まも)ってください。복무규정을 지켜주세요.

鼻

코 비

부수 鼻 획수 14획

소3 鼻

鼻 鼻 鼻 鼻 鼻 鼻 鼻 鼻 鼻 鼻 鼻 鼻 鼻 鼻

훈 はな　鼻(はな) 코　鼻息(はないき) 콧김　鼻歌(はなうた) 콧노래　鼻声(はなごえ) 콧소리　鼻血(はなぢ) 코피

음 び　耳鼻科(じびか) 이비인후과　鼻炎(びえん) 비염　鼻音(びおん) 비음

- 鼻血(はなぢ)が止(と)まらないので耳鼻科(じびか)に行(い)く。코피가 멈추지 않아 이비인후과에 간다.
- 風邪(かぜ)をひいて鼻音(びおん)になってしまった。감기에 걸려 비음이 되어 버렸다.

指

가리킬 지

부수 扌 획수 9획

소3 指

指 指 指 指 指 指 指 指 指

훈 さす/ゆび　指(さ)す 가리키다, (우산을) 쓰다　目指(めざ)す 지향하다　指(ゆび) 손가락　指先(ゆびさき) 손끝　指(ゆび)さす 가리키다　指輪(ゆびわ) 반지

음 し　指示(しじ) 지시　指定(してい) 지정　指導(しどう) 지도　指紋(しもん) 지문　指名(しめい) 지명

★親指(おやゆび) : 엄지
人指(ひとさ)し指(ゆび) : 검지
中指(なかゆび) : 중지
薬指(くすりゆび) : 약지
小指(こゆび) : 새끼 손가락

- 美術(びじゅつ)の時間(じかん)に指人形(ゆびにんぎょう)を作(つく)る。 미술 시간에 손가락 인형을 만든다.
- 授業中(じゅぎょうちゅう)に指名(しめい)される。 수업 중에 지명받다.

歯

이 치

부수 歯 획수 12획

소3 齒

歯 歯 歯 歯 歯 歯 歯 歯 歯 歯 歯 歯

훈 は　歯(は) 이　歯車(はぐるま) 톱니바퀴　歯磨(はみが)き 치약, 양치질　歯(は)ブラシ 칫솔　虫歯(むしば) 충치

음 し　歯科(しか) 치과　歯痛(しつう) 치통

- 食後(しょくご)には必(かなら)ず歯(は)を磨(みが)く。 식후에는 반드시 이를 닦는다.
- 夕(ゆう)べから歯痛(しつう)がして歯科(しか)に行(い)った。 어젯밤부터 치통이 있어서 치과에 갔다.

血

피 혈

부수 血 획수 6획

소3 血

血 血 血 血 血 血

훈 ち　血(ち) 피, 혈통

음 けつ　血圧(けつあつ) 혈압　血液(けつえき) 혈액　血管(けっかん) 혈관　出血(しゅっけつ) 출혈

- 血(ち)は水(みず)より濃(こ)い。 피는 물보다 진하다.
- おばあさんは血圧(けつあつ)が高(たか)い。 할머니는 혈압이 높다.

皮

가죽 피

부수 皮 획수 5획

소3 皮

皮 皮 皮 皮 皮

훈 かわ　皮(かわ) 가죽, 표면　皮靴(かわぐつ) 가죽구두　毛皮(けがわ) 모피

음 ひ　皮肉(ひにく) 비아냥　皮膚(ひふ) 피부　皮下(ひか) 피하　表皮(ひょうひ) 표피

비교
皮 (가죽 피)
波 (물결 파)

- 毛皮(けがわ)のコートは必(かなら)ずドライクリーニングすること。 모피 코트는 반드시 드라이크리닝할 것.
- アレルギーで皮膚科(ひふか)に通(かよ)っている。 알레르기로 피부과에 다니고 있다.

全

온전 **전**

부수 𠆢 획수 6획

소3 全

全 全 全 全 全 全

훈 まったく	全(まった)く 정말로, 완전히, 전혀(부정)
음 ぜん	全員(ぜんいん) 전원　全快(ぜんかい) 완쾌 全集(ぜんしゅう) 전집　全然(ぜんぜん) 전혀 安全(あんぜん) 안전　全力(ぜんりょく) 전력

★全(すべ)て : 전부

비교
全 (온전 전)
金 (쇠 금)

- 母(はは)は父(ちち)と全(まった)く同(おな)じ意見(いけん)だ。 엄마는 아빠와 완전히 같은 의견이다.
- 仮名(かな)は全部(ぜんぶ)覚(おぼ)えた。 가나는 전부 외웠다.

身

몸 **신**

부수 身 획수 7획

소3 身

身 身 身 身 身 身 身

훈 み	身(み) 몸　身(み)の上(うえ) 신상 身(み)の回(まわ)り 신변　身近(みぢか) 신변
음 しん	心身(しんしん) 심신　身長(しんちょう) 신장 身体(しんたい) 신체　出身(しゅっしん) 출신 全身(ぜんしん) 전신

- 偶然(ぐうぜん)身(み)の上話(うえばなし)を聞(き)く。 우연히 신상 이야기를 듣는다.
- 社長(しゃちょう)は東京(とうきょう)出身(しゅっしん)だ。 사장님은 도쿄 출신이다.

한자의 필순 ②

앞 장의 〈한자의 필순 ①〉에 이어서 한자 필순의 전반적인 기준을 익혀 보도록 하자.

10. 글자 전체를 꿰뚫는 세로획은 마지막으로 쓴다.

예 車 ▶ 車 車 車 車 車 車 車

※ 단, 위나 아래로 뚫리지 않은 세로 획은 '위 → 세로획 → 아래'의 순서로 쓴다.

예 重 ▶ 重 重 重 重 重 重 重 重 重

11. 전체를 꿰뚫는 가로획은 마지막으로 쓴다.

예 子 ▶ 子 子 子

※ 단, 世는 꿰뚫는 가로획을 제일 먼저 쓴다.

예 世 ▶ 世 世 世 世 世

12. 가로획과 왼쪽으로 삐치는 획이 교차하는 경우에는 짧은 획부터 쓴다.

예 有 ▶ 有 有 有 有 有 有

友 ▶ 友 友 友 友

13. 走, 免, 是 등은 먼저 쓴다.

예 起 ▶ 起 起 起 起 起 起 起 起 起 起

勉 ▶ 勉 勉 勉 勉 勉 勉 勉 勉 勉 勉

題 ▶ 題 題 題 題 題 題 題 題 題 題 題 題 題 題 題 題 題 題

14. 厂, 广, 疒 등은 먼저 쓴다.

예 原 ▶ 原 原 原 原 原 原 原 原 原 原

広 ▶ 広 広 広 広 広

疾 ▶ 病 病 病 病 病 病 病 病 病 病

15. 廴, 辶 등은 나중에 쓴다.

예 建 ▶ 建 建 建 建 建 建 建 建 建

近 ▶ 近 近 近 近 近 近 近

주의① : 다음 글자들은 왼쪽으로 삐치는 획을 먼저 쓴다.

九, 乃, 皮

예 九 ▶ 九 九

주의② : 다음 글자들은 왼쪽으로 삐치는 획을 나중에 쓴다.

力, 刀, 万

예 万 ▶ 万 万 万

05_학교1

이 단원에서 배울 한자

学 배울 학	算 셈 산
校 학교 교	数 셈 수
先 먼저 선	組 짤 조
生 날 생	勉 힘쓸 면
字 글자 자	問 물을 문
語 말씀 어	題 제목 제
教 가르칠 교	漢 한수 한
室 집 실	板 널 판
黒 검을 흑	級 등급 급
同 한가지 동	宿 잘 숙
強 강할 강	育 기를 육
答 대답 답	質 바탕 질
体 몸 체	試 시험 시
紙 종이 지	験 시험 험
点 점 점	英 꽃부리 영
科 과목 과	

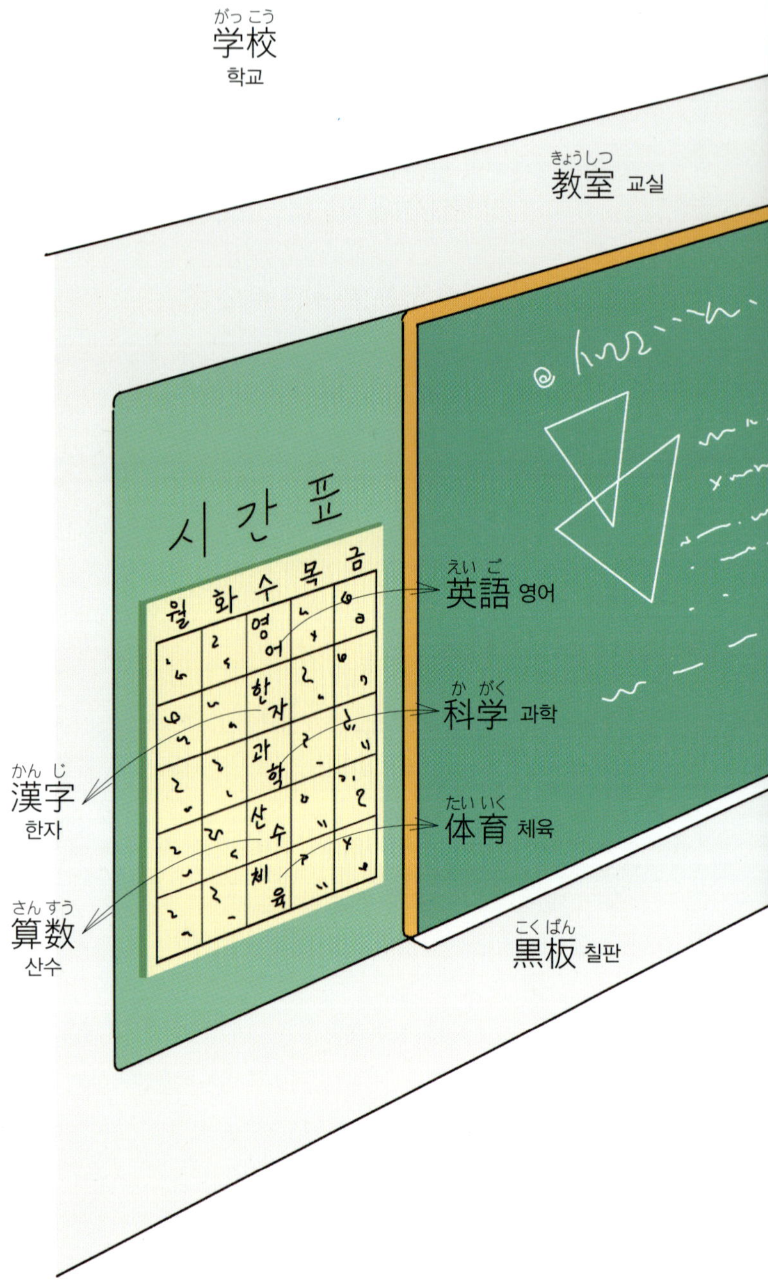

3-2
くみ
組
반
せんせい
先生
선생님
こた
答える
답하다
しけんし
試験紙
시험지
てん
100点
100점
しゅくだい
宿題
숙제
どうきゅうせい
同級生
동급생
べんきょう
勉強する
공부하다
しつもん
質問する 질문하다

学

배울 **학**

부수 子 획수 8획

소1 4급 學

学 学 学 学 学 学 学 学

훈	まなぶ	学(まな)ぶ 배우다
음	がく	学生(がくせい) 학생 学年(がくねん) 학년 学校(がっこう) 학교

- 兄(あに)は大学(だいがく)で地理学(ちりがく)を学(まな)んでいます。
  형은 대학에서 지리학을 배우고 있습니다.
- 学生(がくせい)の時(とき)、アルバイトをしたことがあります。
  학생 때 아르바이트를 한 적이 있습니다.

校

학교 **교**

부수 木 획수 10획

소1 4급 校

校 校 校 校 校 校 校 校 校 校

훈	–	
음	こう	校歌(こうか) 교가 校内(こうない) 교내 中学校(ちゅうがっこう) 중학교 高校(こうこう) 고등학교

- 今(いま)も中学校(ちゅうがっこう)の校歌(こうか)を覚(おぼ)えています。 지금도 중학교 교가를 외우고 있습니다.
- 毎日校内放送(まいにちこうないほうそう)をします。 매일 교내방송을 합니다.

先

먼저 **선**

부수 儿 획수 6획

소1 4급 先

先 先 先 先 先 先

훈	さき	先(さき) 앞 先(さき)に 먼저 先(さき)ほど 아까, 조금 전 鼻先(はなさき) 코 끝
음	せん	先生(せんせい) 선생님 先日(せんじつ) 요전 날 先週(せんしゅう) 지난 주

★先(ま)ず : 우선, 먼저

- 昼(ひる)ご飯(はん)は先(さき)ほど食(た)べました。 점심은 조금 전에 먹었습니다.
- 先日(せんじつ)はありがとうございました。 요전 날은 고마웠습니다.

生

날 **생**

부수 生 획수 5획

소1 4급 生

生 生 生 生 生

훈	いきる/いかす/うむ/うまれる	生(い)きる 살다 生(い)かす 살리다 生(う)む 낳다 生(う)まれる 태어나다, 생기다
음	せい/しょう	生年月日(せいねんがっぴ) 생년월일 生徒(せいと) (중, 고교)학생 一生懸命(いっしょうけんめい) 열심히 誕生日(たんじょうび) 생일

★生(い)ける : 꽃꽂이하다
生(は)える : 돋아나다
生(は)やす : 기르다
生(なま) : 날 것
生(お)い立(た)ち : 성장
生(き) : 순수함

- 私(わたし)は東京(とうきょう)で生(う)まれました。 저는 도쿄에서 태어났습니다.
- 母(はは)の誕生日(たんじょうび)は四月(しがつ)です。 엄마 생일은 4월입니다.

字

글자 자

부수 子 획수 6획

소1 3급 字

字字字字字字

훈 あざ	大字(おおあざ) 말단 행정 구역의 한 가지
음 じ	字(じ) 글씨, 글자, 문자 字体(じたい) 자체 漢字(かんじ) 한자 文字(もじ) 문자

- 漢字(かんじ)は覚(おぼ)えにくいです。한자는 외우기 어렵습니다.
- 合格点数(ごうかくてんすう)は七十点以上(ななじゅってんいじょう)です。합격점수는 70점 이상입니다.

語

말씀 어

부수 言 획수 14획

소2 4급 語

語語語語語語語語語語語語語語

훈 かたる/かたらう	語(かた)る 이야기하다 語(かた)り手(て) 말하는 사람 語(かた)らう 말을 주고받다 物語(ものがたり) 이야기
음 ご	語学(ごがく) 어학 語感(ごかん) 어감 語幹(ごかん) 어간 語尾(ごび) 어미

- 色々語(いろいろかた)って聞(き)かせます。여러 가지로 말해서 들려줍니다.
- 語学研修(ごがくけんしゅう)を考(かんが)えています。어학연수를 생각하고 있습니다.

教

가르칠 교

부수 攵 획수 11획

소2 3급 教

教教教教教教教教教教教

훈 おしえる/おそわる	教(おし)える 가르치다 教(おし)え方(かた) 가르치는 법 教(おそ)わる 배우다
음 きょう	教室(きょうしつ) 교실 教師(きょうし) 교사 教科書(きょうかしょ) 교과서 教育(きょういく) 교육

- 先生(せんせい)は学生(がくせい)に日本語(にほんご)を教(おし)えます。선생님은 학생에게 일본어를 가르칩니다.
- 兄(あに)は国語教師(こくごきょうし)です。형은 국어 교사입니다.

室

집 실

부수 宀 획수 9획

소2 3급 室

室室室室室室室室室

훈 むろ	室(むろ) 방, 침실, 창고
음 しつ	室温(しつおん) 실온 室外(しつがい) 실외 室長(しつちょう) 실장 室内(しつない) 실내

- 室内温度(しつないおんど)は二十度(にじゅうど)です。실내온도는 20도입니다.
- 子供達(こどもたち)は室外(しつがい)で遊(あそ)んでいます。아이들은 실외에서 놀고 있습니다.

黒

黒 黒 黒 黒 黒 黒 黒 黒 黒 黒 黒

검을 흑

부수 黒 획수 11획
소2 3급 黑

훈 くろ/くろい	黒(くろ)=黒色(くろいろ) 검정 黒(くろ)い 검다 白黒(しろくろ) 흑백
음 こく	黒板(こくばん) 칠판 黒人(こくじん) 흑인 黒点(こくてん) 흑점

- 家(うち)の猫(ねこ)は黒(くろ)いです。우리 집 고양이는 검습니다.
- 先生(せんせい)は黒板(こくばん)に地図(ちず)をかきます。선생님은 칠판에 지도를 그립니다.

同

同 同 同 同 同 同

한가지 동

부수 口 획수 6획
소2 3급 同

훈 おなじ	同(おな)じ 같음 同(おな)い年(どし) 동갑 同(おな)じく 같게
음 どう	同意(どうい) 동의 同行(どうこう) 동행 同時(どうじ) 동시 同点(どうてん) 동점

★同(おな)い年(どし)는 同(おな)じ年(とし)가 변한 말이다.

- 妹(いもうと)と同(おな)じかばんを買(か)いました。여동생과 같은 가방을 샀습니다.
- その意見(いけん)に同意(どうい)します。그 의견에 동의합니다.

強

強 強 強 強 強 強 強 強 強 強 強

강할 강

부수 弓 획수 11획
소2 3급 强

훈 つよい/つよまる/つよめる/しいる	強(つよ)い 세다, 강하다 強(つよ)まる 강해지다 強(つよ)める 강하게 하다 強(し)いる 강요하다
음 きょう/ごう	強大(きょうだい) 강대 強化(きょうか) 강화 強力(きょうりょく) 강력 強行(きょうこう) 강행

- 彼(かれ)は英語(えいご)に強(つよ)いです。그는 영어에 강합니다.
- 雨(あめ)が降(ふ)っても強行(きょうこう)します。비가 와도 강행합니다.

答

答 答 答 答 答 答 答 答 答 答 答 答

대답 답

부수 竹 획수 12획
소2 3급 答

훈 こたえる/こたえ	答(こた)える 대답하다 答(こた)え 대답
음 とう	答案(とうあん) 답안 応答(おうとう) 응답 回答(かいとう) 회답

- 質問(しつもん)に答(こた)えられませんでした。질문에 대답하지 못했습니다.
- 何(なん)の応答(おうとう)もありません。어떤 응답도 없습니다.

体

몸 **체**

부수 亻 획수 7획
소2 3급 體

体体体体体体体

훈	からだ	体(からだ) 몸 体(からだ)つき 몸매, 몸집, 체격
음	たい/てい	体重(たいじゅう) 체중 気体(きたい) 기체 身体(しんたい) 신체 風体(ふうてい/ふうたい) 옷차림

- 彼(かれ)は体(からだ)が丈夫(じょうぶ)です。 그는 몸이 튼튼합니다.
- 学校(がっこう)で身体検査(しんたいけんさ)をします。 학교에서 신체검사를 합니다.

紙

종이 **지**

부수 糸 획수 10획
소2 3급 紙

紙紙紙紙紙紙紙紙紙紙

훈	かみ	紙(かみ) 종이 手紙(てがみ) 편지 折(お)り紙(がみ) (색)종이 또는 종이 접기
음	し	紙面(しめん) 지면 紙上(しじょう) (신문)지상 用紙(ようし) 용지

- 折(お)り紙(がみ)で舟(ふね)を折(お)ります。 (색)종이로 배를 접습니다.
- 紙上(しじょう)をにぎわした海外(かいがい)トピック。 신문 지상을 떠들썩하게 한 해외토픽.

点

점 **점**

부수 灬 획수 9획
소2 點

点点点点点点点点点

훈	–	
음	てん	点火(てんか) 점화 点数(てんすう) 점수 点線(てんせん) 점선 終点(しゅうてん) 종점 重点(じゅうてん) 중점 地点(ちてん) 지점

- ストーブをライターで点火(てんか)する。 난로를 라이터로 점화한다.
- 終点(しゅうてん)まで行(い)ってバスを降(お)りる。 종점까지 가서 버스를 내린다.

科

과목 **과**

부수 禾 획수 9획
소2 科

科科科科科科科科科

훈	–	
음	か	学科(がっか) 학과 科目(かもく) 과목 教科(きょうか) 교과 自然科学(しぜんかがく) 자연과학 社会科学(しゃかいかがく) 사회과학

- 私(わたし)の好(す)きな科目(かもく)は数学(すうがく)だ。 내가 좋아하는 과목은 수학이다.
- 姉(あね)は大学(だいがく)の社会学科(しゃかいがっか)に入(はい)った。 언니는 대학의 사회학과에 들어갔다.

算

셈 **산**

부수 竹 획수 14획
소2 算

훈 –

음 さん　算出(さんしゅつ) 산출　算数(さんすう) 산수
精算(せいさん) 정산　計算(けいさん) 계산
予算(よさん) 예산　暗算(あんざん) 암산

- 数が多いので、計算には時間がかかります。
  수가 많아서 계산에는 시간이 걸립니다.
- 姉は算数が得意だった。 누나(언니)는 산수를 아주 잘했다.

数

셈 **수**

부수 攵 획수 13획
소2 數

훈 かず/かぞえる　数(かず) 수　数(かぞ)える 세다
数(かぞ)え年(どし) 세는 나이(태어난 해를 한 살로 계산)

음 すう/す　数学(すうがく) 수학　数字(すうじ) 숫자
人数(にんずう) 인원수　多数(たすう) 다수

- クラスの人の数を数える。 학급의 사람 수를 세다.
- 数学の試験でいい点数を取った。 수학 시험에서 좋은 점수를 받았다.

組

짤 **조**

부수 糸 획수 11획
소2 組

훈 くむ/くみ　組(く)む 짜다, 편성하다　組(く)み 조, 짝, 쌍　仕組(しく)み 구조　組合(くみあい) 조합　組(く)み合(あ)わせる 짜 맞추다　組(く)み立(た)てる 조립하다　腕組(うでぐ)み 팔짱

음 そ　組織(そしき) 조직　労組(ろうそ) 노조

- 彼は腕を組んで考えていた。 그는 팔짱을 끼고 생각하고 있었다.
- 二人が一組になってゲームをする。 두 사람이 한 조가 되어 게임을 한다.

勉

힘쓸 **면**

부수 力 획수 10획
소3 3급 勉

훈 –

음 べん　勉強(べんきょう) 공부　勉学(べんがく) 면학
勤勉(きんべん) 근면

- 明日の試験勉強をします。 내일 있을 시험 공부를 합니다.
- 彼は勤勉な性格の持ち主です。 그는 근면한 성격의 소유자입니다.

問 問 問 問 問 問 問 問 問 問 問

問
물을 문

부수 口 획수 11획
소3 3급 問

훈 とう/とい/とん　問(と)う 묻다　問(と)い合(あ)わせる 조회하다, 문의하다　問屋(とんや) 도매상

음 もん　問題(もんだい) 문제　問答(もんどう) 문답　不問(ふもん) 불문　反問(はんもん)

비교
問 (물을 문)
門 (문 문)
間 (사이 간)
開 (열 개)
聞 (들을 문)

- 料金(りょうきん)についてのお問(と)い合(あ)わせ。요금에 대한 문의.
- 数学(すうがく)の問題(もんだい)を解(と)く。수학 문제를 풀다.

題 題 題 題 題 題 題 題 題 題 題 題 題 題 題 題 題 題

題
제목 제

부수 頁 획수 18획
소3 3급 題

훈 –

음 だい　題目(だいもく) 제목　宿題(しゅくだい) 숙제　話題(わだい) 화제

- 弟(おとうと)の宿題(しゅくだい)を手伝(てつだ)います。남동생의 숙제를 돕습니다.
- これから話題(わだい)を変(か)えて話(はな)しましょう。이제부터 화제를 바꾸어서 이야기합시다.

漢 漢 漢 漢 漢 漢 漢 漢 漢 漢 漢 漢 漢

漢
한수 한

부수 氵 획수 13획
소3 3급 漢

훈 –

음 かん　漢字(かんじ) 한자　漢学(かんがく) 한학　漢文(かんぶん) 한문　漢方(かんぽう) 한방

- 漢字(かんじ)のテストがあります。한자 테스트가 있습니다.
- 中国(ちゅうごく)で漢学(かんがく)を勉強(べんきょう)します。중국에서 한학을 공부합니다.

板 板 板 板 板 板 板 板

板
널 판

부수 木 획수 8획
소3 板

훈 いた　板(いた) 판자, 연극 무대　板目(いため) 판자의 이음새

음 はん/ばん　黒板(こくばん) 칠판　看板(かんばん) 간판　掲示板(けいじばん) 게시판　登板(とうばん) 등판

비교
板 (널 판)
坂 (비탈 판)

- 床(ゆか)に新(あたら)しい板(いた)を張(は)る。마루에 새로운 널빤지를 깐다.
- 掲示板(けいじばん)に落(お)し物(もの)を探(さが)す文句(もんく)が書(か)いてある。게시판에 분실물을 찾는 문구가 쓰여 있다.

級

등급 급

부수 糸 획수 9획

소3 級

級 級 級 級 級 級 級 級 級

훈 –

음 きゅう

級友(きゅうゆう) 급우　学級(がっきゅう) 학급
進級(しんきゅう) 진급　高級(こうきゅう) 고급
初級(しょきゅう) 초급　中級(ちゅうきゅう) 중급
上級(じょうきゅう) 상급　同級(どうきゅう) 동급

- 高級(こうきゅう)レストランがオープンする。 고급 레스토랑이 오픈한다.
- 上級学年(じょうきゅうがくねん)に進(すす)む。 상급 학년으로 진학한다.

宿

잘 숙

부수 宀 획수 11획

소3 宿

宿 宿 宿 宿 宿 宿 宿 宿 宿 宿 宿

훈 やど/やどる/やどす

宿(やど) 숙소, 여관　宿(やど)る 숙박하다
宿(やど)す 숙박시키다, 품다

음 しゅく

宿舎(しゅくしゃ) 기숙사　宿泊(しゅくはく) 숙박
野宿(のじゅく) 노숙　合宿(がっしゅく) 합숙
宿題(しゅくだい) 숙제　下宿(げしゅく) 하숙

- 田舎(いなか)にある宿(やど)に泊(と)まる。 시골에 있는 숙소에 묵는다.
- 宿題(しゅくだい)を早(はや)く終(お)わらせて、遊(あそ)びに出(で)かける。 숙제를 빨리 끝내고 놀러 나간다.

育

기를 육

부수 月 획수 8획

소3 育

育 育 育 育 育 育 育 育

훈 そだつ/そだてる

育(そだ)つ 자라다　育(そだ)てる 키우다, 양육하다

음 いく

育成(いくせい) 육성　体育(たいいく) 체육　発育(はついく) 발육　保育園(ほいくえん) 보육원

- 現在(げんざい)の社長(しゃちょう)が立派(りっぱ)な会社(かいしゃ)に育(そだ)てた。 현재의 사장님이 훌륭한 회사로 키웠다.
- 保育園(ほいくえん)の先生(せんせい)はほとんど女性(じょせい)である。 보육원 선생님은 대부분 여성이다.

質

바탕 질

부수 貝 획수 15획

3급 質

質 質 質 質 質 質 質 質 質 質 質 質 質 質 質

훈 –

음 しつ/しち/ち

質問(しつもん) 질문　気質(きしつ) 기질
本質(ほんしつ) 본질　品質(ひんしつ) 품질
質屋(しちや) 전당포　言質(げんち) 언질

- 質問(しつもん)に答(こた)えてください。 질문에 대답해 주세요.
- 問題(もんだい)の本質(ほんしつ)について考(かんが)えます。 문제의 본질에 대해 생각합니다.

試

시험 시

부수 言 획수 13획
3급 試

試試試試試試試試試試試試試

훈 こころみる/ためす
試(こころ)みる 시도하다 試(ため)す 시험해 보다
力試(ちからだめ)し (체력, 능력 등을) 시험해 봄

음 し
試合(しあい) 시합 試験(しけん) 시험
試写会(ししゃかい) 시사회 試練(しれん) 시련

- エンジンの性能(せいのう)を試(ため)します。 엔진의 성능을 시험해 봅니다.
- テニスの試合(しあい)でうちの学校(がっこう)が優勝(ゆうしょう)しました。
테니스 시합에서 우리 학교가 우승했습니다.

験

시험 험

부수 馬 획수 18획
3급 驗

験験験験験験験験験験験験験験験験験験

훈 ためす
験(ため)す 시험해 보다

음 けん
試験(しけん) 시험 実験(じっけん) 실험
経験(けいけん) 경험 受験(じゅけん) 수험

★験(しるし) : 효험

- 期末試験(きまつしけん)は難(むずか)しいそうです。 기말시험은 어렵다고 합니다.
- 科学(かがく)の実験(じっけん)はいつも楽(たの)しいです。 과학 실험은 언제나 즐겁습니다.

英

꽃부리 영

부수 艹 획수 8획
3급 英

英英英英英英英英

훈 –

음 えい
英語(えいご) 영어 英雄(えいゆう) 영웅
英才(えいさい) 영재 英国(えいこく) 영국

- 今日(きょう)から英語(えいご)の勉強(べんきょう)をします。 오늘부터 영어 공부를 합니다.
- 英国(えいこく)を「イギリス」と言(い)います。 영국을 '이기리스'라고 합니다.

06_ 학교2

이 단원에서 배울 한자

入 들 입
友 벗 우
門 문 문
場 마당 장
野 들 야
走 달릴 주
活 살 활
運 옮길 운
動 움직일 동
習 익힐 습
転 구를 전
式 법 식
球 공 구
練 익힐 련
投 던질 투
打 칠 타
特 특별할 특
別 나눌 별
達 통달할 달

こうもん
校門 교문

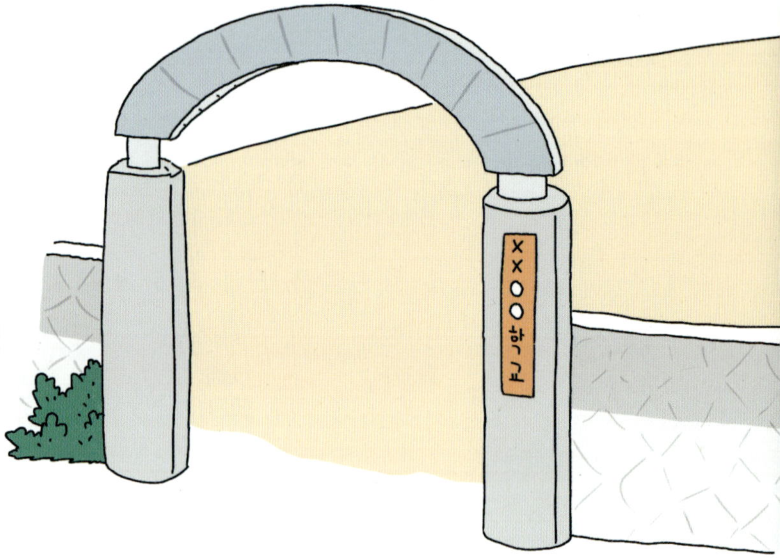

にゅうがくしき
入学式 입학식

⊙ 校(5단원)
⊙ 学(5단원)

な
投げる
던지다
うんどうじょう
運動場
운동장
はし
走る 달리다
う
打つ 치다
ころ
転ぶ 구르다, 넘어지다
ともだち
友達 친구
とくべつかつどう
特別活動
특별활동
やきゅう れんしゅう
野球の練習をする
야구 연습을 하다

入

들 입

부수 入 획수 2획

소1 4급 入

入 入

훈 いる/いれる/はいる — 入(い)る 들어가다　出入(でい)り口(ぐち) 출입구　入(い)れる 넣다　入(はい)る 들어가(오)다

음 にゅう — 入学(にゅうがく) 입학　入水(にゅうすい) 입수, 물에 들어감　入手(にゅうしゅ) 입수, 손에 넣음

- 電車がホームに入ります。전철이 홈에 들어옵니다.
- 4月に入学式があります。4월에 입학식이 있습니다.

★현대어에서는 주로 入(はい)る가 쓰이고, 入(い)る는 '気(き)に入(い)る (마음에 들다)'처럼 관용적으로 사용하는 경우가 많다.

비교

入 (들 입)
人 (사람 인)

友

벗 우

부수 又 획수 4획

소2 4급 友

友 友 友 友

훈 とも — 友(とも) 친구　友達(ともだち) 친구(들)

음 ゆう — 友人(ゆうじん) 친구　友情(ゆうじょう) 우정　友好(ゆうこう) 우호

- 夏休みに友達と旅行に行きます。여름방학에 친구와 여행을 갑니다.
- 友人がたくさんいます。친구가 많이 있습니다.

門

문 문

부수 門 획수 8획

소2 3급 門

門 門 門 門 門 門 門 門

훈 かど — 門(かど) 문　門口(かどぐち) 문간, (집)출입구

음 もん — 門(もん) 문　校門(こうもん) 교문　正門(せいもん) 정문　名門(めいもん) 명문　部門(ぶもん) 부문

- 門口に立って父を待ちます。출입구에 서서 아빠를 기다립니다.
- 会社の正門で友達と会いました。회사 정문에서 친구와 만났습니다.

★현대어에서는 주로 [もん]으로 읽는다.

場

마당 장

부수 土 획수 12획

소2 3급 場

場 場 場 場 場 場 場 場 場 場 場 場

훈 ば — 場合(ばあい) 경우　場所(ばしょ) 장소　場面(ばめん) 장면　現場(げんば) 현장

음 じょう — 場内(じょうない) 장내　場外(じょうがい) 장외　入場(にゅうじょう) 입장　会場(かいじょう) 회장

- 時間と場所は明日まで知らせます。
  시간과 장소는 내일까지 알려드리겠습니다.
- 子供の入場料は無料です。어린이의 입장료는 무료입니다.

野
들 야

부수 里 획수 11획
소2 3급 野

野野野野野野野野野野野

훈 の　野(の) 들　野道(のみち) 들길　野原(のはら) 들판
음 や　野菜(やさい) 야채　野党(やとう) 야당
野外(やがい) 야외　視野(しや) 시야

- 子供(こども)たちが野原(のはら)を走(はし)り回(まわ)ります。아이들이 들판을 뛰어 다닙니다.
- 野外(やがい)で音楽会(おんがくかい)を開(ひら)きます。야외에서 음악회를 엽니다.

走
달릴 주

부수 走 획수 7획
소2 3급 走

走走走走走走走

훈 はしる　走(はし)る 달리다
음 そう　走行(そうこう) 주행　走力(そうりょく) 주력
ご馳走(ちそう) 대접, 맛있는 요리

★師走(しわす)：음력 섣달

비교
走 (달릴 주)
起 (일어날 기)

- 急(きゅう)に雨(あめ)が降(ふ)り出(だ)して走(はし)りました。갑자기 비가 내리기 시작하여 달렸습니다.
- この前(まえ)はご馳走(ちそう)になりました。일전에는 대접을 (잘) 받았습니다.

活
살 활

부수 氵 획수 9획
소2 活

活活活活活活活活活

훈 –
음 かつ　活字(かつじ) 활자　活動(かつどう) 활동　活用(かつよう) 활용　活力(かつりょく) 활력　活躍(かつやく) 활약　活気(かっき) 활기　活発(かっぱつ) 활발

비교
活 (살 활)
話 (말할 화)

- だんだん学校生活(がっこうせいかつ)に慣(な)れていく。점점 학교 생활에 익숙해져 간다.
- 選手(せんしゅ)たちの活躍(かつやく)で優勝(ゆうしょう)する。선수들의 활약으로 우승한다.

運
옮길 운

부수 辶 획수 12획
소3 3급 運

運運運運運運運運運運運運

훈 はこぶ　運(はこ)ぶ 나르다, 운반하다, 옮기다
음 うん　運動(うんどう) 운동　運転(うんてん) 운전
運命(うんめい) 운명　運営(うんえい) 운영

- ソファーを二階(にかい)から一階(いっかい)に運(はこ)びます。소파를 2층에서 1층으로 옮깁니다.
- 父(ちち)は学会(がっかい)を運営(うんえい)しています。아빠는 학회를 운영하고 있습니다.

動

움직일 동

부수 力 획수 11획

소3 3급 動

훈	うごく/うごかす	動(うご)く 움직이다 動(うご)かす 옮기다
음	どう	動物(どうぶつ) 동물 動作(どうさ) 동작 自動(じどう) 자동 活動(かつどう) 활동

- 車(くるま)が動(うご)き始(はじ)めます。 차가 움직이기 시작합니다.
- 火山活動(かざんかつどう)が始(はじ)まりました。 화산 활동이 시작되었습니다.

習

익힐 습

부수 羽 획수 11획

소3 3급 習

훈	ならう	習(なら)う 배우다
음	しゅう	習得(しゅうとく) 습득 習慣(しゅうかん) 습관 学習(がくしゅう) 학습 練習(れんしゅう) 연습 復習(ふくしゅう) 복습

- 兄(あに)にギターを習(なら)います。 형(오빠)에게서 기타를 배웁니다.
- 良(よ)い習慣(しゅうかん)を覚(おぼ)えます。 좋은 습관을 익힙니다.

転

구를 전

부수 車 획수 11획

소3 3급 轉

훈	ころがる/ころげる/ころがす/ころぶ	転(ころ)がる=転(ころ)げる 구르다, 쓰러지다, 넘어지다 転(ころ)がす 굴리다, 쓰러뜨리다 転(ころ)ぶ 넘어지다
음	てん	転校(てんこう) 전학 転入(てんにゅう) 전입 運転(うんてん) 운전

비교
転 (구를 전)
輕 (가벼울 경)

- 自転車(じてんしゃ)で転(ころ)んでけがをしました。 자전거를 타다가 넘어져서 다쳤습니다.
- 新学期(しんがっき)になったら、転校(てんこう)します。 신학기가 되면 전학갑니다.

式

법 식

부수 弋 획수 6획

소3 式

훈	–	
음	しき	式場(しきじょう) 식장 公式(こうしき) 공식 新式(しんしき) 신식 正式(せいしき) 정식 日本式(にほんしき) 일본식 方式(ほうしき) 방식 洋式(ようしき) (서)양식

- 公式(こうしき)を使(つか)って問題(もんだい)を解(と)く。 공식을 사용해 문제를 푼다.
- 新式(しんしき)のデジカメを買(か)う。 신식 디지털카메라를 산다.

球

공 구

부수 王 획수 11획

소3 球

球 球 球 球 球 球 球 球 球 球 球

훈 たま　球(たま) 공, 알, 전구

음 きゅう　地球(ちきゅう) 지구　電球(でんきゅう) 전구
球技(きゅうぎ) 구기　卓球(たっきゅう) 탁구

- 球技(きゅうぎ)の中(なか)で野球(やきゅう)が一番(いちばん)好(す)きだ。구기 중에서 야구를 제일 좋아한다.
- 兄(あに)は高校(こうこう)の時(とき)、卓球選手(たっきゅうせんしゅ)だった。형은 고교 때 탁구 선수였다.

練

익힐 련

부수 糸 획수 14획

소3 練

練 練 練 練 練 練 練 練 練 練 練 練 練 練

훈 ねる　練(ね)る 개다, 반죽하다, 이기다

음 れん　練習(れんしゅう) 연습　未練(みれん) 미련
訓練(くんれん) 훈련

- 粘土(ねんど)を練(ね)って、鳥(とり)を作(つく)る。점토를 반죽하여 새를 만든다.
- 毎日(まいにち)なわとびの練習(れんしゅう)をする。매일 줄넘기 연습을 한다.

投

던질 투

부수 扌 획수 7획

소3 投

投 投 投 投 投 投 投

훈 なげる　投(な)げる 던지다, 단념하다

음 とう　投資(とうし) 투자　投入(とうにゅう) 투입
投票(とうひょう) 투표　投手(とうしゅ) 투수
投薬(とうやく) 투약

비교
投 (던질 투)
役 (부릴 역)

- ボールを遠(とお)く投(な)げる。볼을 멀리 던진다.
- 決(き)まった時間(じかん)に投薬(とうやく)する。정해진 시간에 투약한다.

打

칠 타

부수 扌 획수 5획

소3 打

打 打 打 打 打

훈 うつ　打(う)つ 치다, 때리다　打合(うちあわ)せ 미리 의논함
打(う)ち消(け)す 부정하다

음 だ　打開(だかい) 타개　打者(だしゃ) 타자
打破(だは) 타파　安打(あんだ) 안타

- 卒業(そつぎょう)お祝(いわ)いに電報(でんぽう)を打(う)つ。졸업 축하로 전보를 친다.
- 昨日(きのう)の試合(しあい)は三打数二安打(さんだすうにあんだ)だった。어제 시합은 3타수 2안타였다.

特

특별할 특

부수 牛 획수 10획
3급 特

特 特 特 特 特 特 特 特 特 特

훈 –

음 とく　特(とく)に 특히 特急(とっきゅう) 특급
特産(とくさん) 특산 特別(とくべつ) 특별
特定(とくてい) 특정

비교
特 (특별할 특)
持 (가질 지)

- 今度(こんど)は特急列車(とっきゅうれっしゃ)に乗(の)って行(い)きます。 이번에는 특급열차를 타고 갑니다.
- 日本特産(にほんとくさん)の納豆(なっとう)を買(か)います。 일본 특산인 낫토를 삽니다.

別

나눌 별

부수 刂 획수 7획
3급 別

別 別 別 別 別 別 別

훈 わかれる　別(わか)れる 헤어지다 別(わか)れ 이별

음 べつ　別(べつ)に 따로 別人(べつじん) 딴사람
別室(べっしつ) 별실 特別(とくべつ) 특별

- 彼女(かのじょ)と別(わか)れて三年(さんねん)になります。 그녀와 헤어진 지 3년이 됩니다.
- 今日(きょう)は全然別人(ぜんぜんべつじん)みたいです。 오늘은 전혀 딴사람 같습니다.

達

통달할 달

부수 辶 획수 12획
참고 소4 達

達 達 達 達 達 達 達 達 達 達 達 達

훈 –

음 たつ　達人(たつじん) 달인 達(たっ)する 달하다
達成(たっせい) 달성

★友達(ともだち) : 친구
達磨(だるま) : 달마(중국 선종의 시조), 오뚝이

- 怒(いか)りが頂点(ちょうてん)に達(たっ)する。 노여움이 절정에 달한다.
- 彼(かれ)は剣術(けんじゅつ)の達人(たつじん)だ。 그는 검술의 달인이다.

동음이의어

한자 중에는 음독은 같지만 의미가 다른 한자가 많이 있어서 한자를 보지 않고는 단어의 뜻을 구별하기 어려울 때도 있다. 자주 사용하는 동음이의어들을 알아 두면 일본어 학습에 크게 도움이 된다.

1. いがい : 以外 이외(그 밖의 일) / 意外 의외(생각하지 못했던 일)
2. いし : 意志 의지(목적이 확실한 생각) / 意思 의사(무언가를 하고자 하는 생각)
3. かいとう : 回答 회답 / 解答 해답
4. かいほう : 開放 개방 / 解放 해방
5. きょうそう : 競争 경쟁 / 競走 경주
6. さいご : 最後 최후(마지막) / 最期 최기(임종, 생의 최후)
7. じったい : 実態 실태(실제의 상태) / 実体 실체(참 모습, 본질)
8. じゅしょう : 受賞 수상(상을 받음) / 授賞 수상(상을 수여함)
9. しょよう : 所用 소용(쓰임, 용무) / 所要 소요(필요로 함)
10. てきせい : 適正 적정 / 適性 적성
11. ふこう : 不幸 불행 / 不孝 불효
12. やせい : 野生 야생 / 野性 야성
13. ようけん : 用件 용건 / 要件 요건

07_직업

이 단원에서 배울 한자

会 모일 회
社 모일 사
計 셈할 계
記 기록할 기
仕 섬길 사
事 일 사
員 인원 원
者 놈 자
医 의원 의
研 갈 연
究 연구할 구
業 업 업
係 맬 계
平 평평할 평
農 농사 농

会社(かいしゃ) 회사

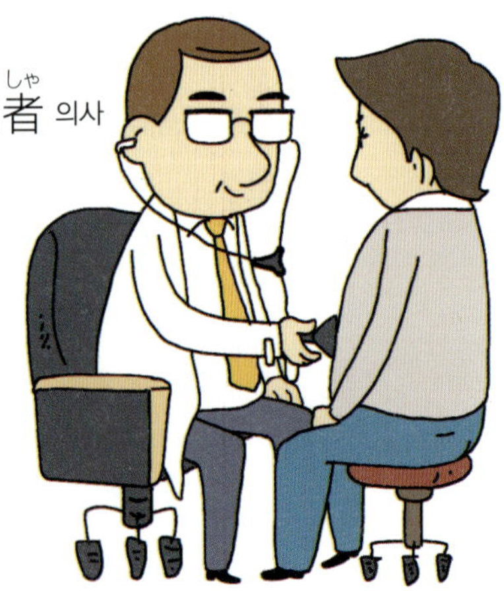

医者(いしゃ) 의사

ひらしゃいん
平社員
평사원
しごと
仕事 일
회계담당
かいけいがかり
会計係
회계 담당
きしゃ
記者 기자
けんきゅういん
研究員 연구원
のうぎょう
農業 농업

会

모일 회

부수 𠆢 획수 6획

소2 4급 會

会 会 会 会 会 会

훈 あう	会(あ)う 만나다 出会(であ)い 만남
음 かい/え	会社(かいしゃ) 회사 機会(きかい) 기회 音楽会(おんがくかい) 음악회 会得(えとく) 터득

• 田舎(いなか)のおばあさんに会(あ)いたいです。
시골에 계신 할머니를 만나고 싶습니다.

• 機会(きかい)があればまた行(い)きたいです。 기회가 있으면 또 가고 싶습니다.

社

모일 사

부수 ネ 획수 7획

소2 4급 社

社 社 社 社 社 社 社

훈 やしろ	社(やしろ) 신사
음 しゃ	社会(しゃかい) 사회 入社(にゅうしゃ) 입사 神社(じんじゃ) 신사

• 家内(かない)とは社内結婚(しゃないけっこん)です。 아내와는 사내결혼입니다.

• 今日(きょう)は神社参(じんじゃまい)りに行(い)きます。 오늘은 신사참배하러 갑니다.

計

셈할 계

부수 言 획수 9획

소2 3급 計

計 計 計 計 計 計 計 計 計

훈 はかる/はからう	計(はか)る 재다, 세다, 헤아리다 計(はか)らう 처리하다, 조처하다
음 けい	計算(けいさん) 계산 計画(けいかく) 계획 温度計(おんどけい) 온도계

• 山(やま)の高(たか)さを計(はか)ります。 산의 높이를 잽니다.

• 温度計(おんどけい)が壊(こわ)れました。 온도계가 고장 났습니다.

記

기록할 기

부수 言 획수 10획

소2 記

記 記 記 記 記 記 記 記 記 記

훈 しるす	記(しる)す 기록하다, 적다, 기억해 두다, 명심하다
음 き	記号(きごう) 기호 記者(きしゃ) 기자 記述(きじゅつ) 기술 記入(きにゅう) 기입 記念(きねん) 기념 日記(にっき) 일기

• 先生(せんせい)のお話(はなし)を心(こころ)に記(しる)す。 선생님의 말씀을 마음에 새긴다.

• 新聞(しんぶん)の記事(きじ)をスクラップする。 신문 기사를 스크랩한다.

仕
섬길 **사**

부수 亻 획수 5획
소3 3급 仕

仕 仕 仕 仕 仕

훈 つかえる　仕(つか)える 섬기다, 시중들다
음 し/じ　仕事(しごと) 일　仕上(しあ)げ 마무리, 완성
仕度(したく) 준비, 채비　給仕(きゅうじ) 급사, 사환

★仕度(したく)는 支度(したく)로도 쓴다.

- 病気(びょうき)の母(はは)に仕(つか)えます。아픈 엄마의 시중을 듭니다.
- 仕事(しごと)が多(おお)くて大変(たいへん)です。일이 많아서 힘듭니다.

事
일 **사**

부수 亅 획수 8획
소3 3급 事

事 事 事 事 事 事 事 事

훈 こと　事(こと) 일, 것　事柄(ことがら) 사항, 사정
物事(ものごと) 사물, 세상사
음 じ/ず　事件(じけん) 사건　事典(じてん) 사전
事実(じじつ) 사실　事業(じぎょう) 사업
好事(こうず) 호사, 색다른 것을 좋아함

★事典(じてん)은 ことてん이라고도 하며 백과 사전과 같이 사물을 설명하는 사전을 가리키는 말로 단어의 의미를 설명하는 辞典(じてん), 字典(じてん)과 구분하여 사용한다.

- 今日(きょう)は急(いそ)ぐことはありません。오늘은 서두를 게 없습니다.
- 彼女(かのじょ)の話(はなし)は事実(じじつ)です。그녀의 이야기는 사실입니다.

員
인원 **원**

부수 口 획수 10획
소3 3급 員

員 員 員 員 員 員 員 員 員 員

훈 –
음 いん　員数(いんずう) 인원수　人員(じんいん) 인원
事務員(じむいん) 사무원　教員(きょういん) 교원

- 集(あつ)まった員数(いんずう)を数(かぞ)えてください。모인 인원수를 세어 주세요.
- 母(はは)は高校(こうこう)の教員(きょういん)です。엄마는 고등학교 교원입니다.

者
놈 **자**

부수 耂 획수 8획
소3 3급 者

者 者 者 者 者 者 者 者

훈 もの　者(もの) 사람　若者(わかもの) 젊은이
음 しゃ　学者(がくしゃ) 학자　業者(ぎょうしゃ) 업자
記者(きしゃ) 기자　患者(かんじゃ) 환자

- 礼儀正(れいぎただ)しい若者(わかもの)が多(おお)いです。예의 바른 젊은이가 많습니다.
- 風邪(かぜ)で病院(びょういん)に患者(かんじゃ)がいっぱいです。감기로 병원에 환자가 가득합니다.

医

의원 **의**

부수 匚 획수 7획

소3 3급 醫

医 医 医 医 医 医 医

훈 –

음 い　医者(いしゃ) 의사　女医(じょい) 여의사
医薬品(いやくひん) 의약품
歯医者(はいしゃ) 치과의사

- 家内(かない)は女医(じょい)です。아내는 여의사입니다.
- 立派(りっぱ)な歯医者(はいしゃ)さんになりたいです。훌륭한 치과의사가 되고 싶습니다.

研

갈 **연**

부수 石 획수 9획

소3 3급 硏

研 研 研 研 研 研 研 研 研

훈 とぐ/みがく　研(と)ぐ 갈다　研(みが)く 닦다

음 けん　研究所(けんきゅうじょ) 연구소
研修生(けんしゅうせい) 연수생
研磨(けんま) 연마

- といしで包丁(ほうちょう)を研(と)ぐ。숫돌에 부엌칼을 간다.
- 海外研修生(かいがいけんしゅうせい)を募集(ぼしゅう)します。해외연수생을 모집합니다.

究

연구할 **구**

부수 穴 획수 7획

소3 3급 究

究 究 究 究 究 究 究

훈 きわめる　究(きわ)める 깊이 연구하다

음 きゅう　究明(きゅうめい) 규명　研究(けんきゅう) 연구
追究(ついきゅう) 추구

- 学問(がくもん)を究(きわ)めます。학문을 깊이 연구합니다.
- 近代史(きんだいし)を研究(けんきゅう)します。근대사를 연구합니다.

業

업 **업**

부수 木 획수 13획

소3 3급 業

業 業 業 業 業 業 業 業 業 業 業 業 業

훈 わざ　業(わざ) 일, 직업　仕業(しわざ) 소행, 짓

음 ぎょう/ごう　業務(ぎょうむ) 업무　作業(さぎょう) 작업
卒業(そつぎょう) 졸업　授業(じゅぎょう) 수업
悪業(あくごう) 악업

- あいつの仕業(しわざ)に違(ちが)いない。저 녀석의 짓이 틀림없다.
- 新(あたら)しい作業服(さぎょうふく)をもらいました。새 작업복을 받았습니다.

係

맬 계

부수 亻 획수 9획

소3 係

係 係 係 係 係 係 係 係 係

훈	かかる/かかり	係(かか)る 관계되다 係(かかり) 담당 係員(かかりいん) 담당자 受付係(うけつけがかり) 접수계 係長(かかりちょう) 계장
음	けい	関係(かんけい) 관계 連係(れんけい) 연계

- これは彼(かれ)の係(かかり)です。 이것은 그의 담당입니다.
- 貿易関係(ぼうえきかんけい)の会社(かいしゃ)で働(はたら)いている。 무역관계 회사에서 일하고 있다.

平

평평할 평

부수 干 획수 5획

소3 平

平 平 平 平 平

훈	たいら/ひら	平(たい)ら 평평함, 평탄함 平(ひら) 평평함,납작함, 보통 平社員(ひらしゃいん) 평사원
음	へい/びょう	平気(へいき) 태연함 平日(へいじつ) 평일 平常(へいじょう) 평상 平和(へいわ) 평화 水平(すいへい) 수평 平等(びょうどう) 평등

- 今度(こんど)平社員(ひらしゃいん)を十人採用(じゅうにんさいよう)します。 이번에 평사원을 10명 채용합니다.
- 水平線(すいへいせん)から日(ひ)が昇(のぼ)る。 수평선에서 태양이 뜬다.

農

농사 농

부수 辰 획수 13획

소3 農

農 農 農 農 農 農 農 農 農 農 農 農 農

훈	–	
음	のう	農家(のうか) 농가 農業(のうぎょう) 농업 農場(のうじょう) 농장 農村(のうそん) 농촌 農地(のうち) 농지 農民(のうみん) 농민 農薬(のうやく) 농약

- 父(ちち)は農業委員会(のうぎょういいんかい)の会員(かいいん)だ。 아빠는 농업위원회 회원이다.
- できるだけ農薬(のうやく)は使(つか)わないで栽培(さいばい)します。
  되도록 농약은 쓰지 않고 재배합니다.

08_ 책과 그림

이 단원에서 배울 한자

本 근본 본
白 흰 백
文 글월 문
青 푸를 청
赤 붉을 적
読 읽을 독
色 빛 색
絵 그림 회
黄 누를 황
詩 시 시
章 글 장
童 아이 동
昔 예 석
緑 푸를 록
筆 붓 필
感 느낄 감
想 생각 상
鉛 납 연

⊙話 (3단원)

色(いろ) 색
赤(あか) 빨강
黄色(きいろ) 노랑
緑(みどり) 초록
青(あお) 파랑
白(しろ) 하양
絵(え) 그림
昔話(むかしばなし) 옛날 이야기

本

근본 본

부수 木 획수 5획
소1 4급 本

本 本 本 本 本

훈 もと — 本(もと) 처음, 시작, 기원 本船(もとぶね) 모선
음 ほん — 本(ほん) 책 本物(ほんもの) 진짜 本当(ほんとう) 정말 根本(こんぽん) 근본

비교
本 (근본 본)
木 (나무 목)

- 本船(もとぶね)に連絡(れんらく)しなければなりません。 모선에 연락하지 않으면 안 됩니다.
- このかばんは本物(ほんもの)です。 이 가방은 진짜(진품)입니다.

白

흰 백

부수 白 획수 5획
소1 4급 白

白 白 白 白 白

훈 しろ/しろい/しら — 白(しろ) 하양 白(しろ)い 하얗다 白身(しろみ) 달걀흰자 白髪(しらが) 백발 白雪(しらゆき) 백설
음 はく/びゃく — 白菜(はくさい) 배추 明白(めいはく) 명백 白紙(はくし) 백지 白蓮(びゃくれん) 흰 연꽃

비교
白 (흰 백)
百 (일백 백)

- 卵(たまご)の白身(しろみ)が好(す)きです。 달걀 흰자를 좋아합니다.
- その話(はなし)は明白(めいはく)な事実(じじつ)である。 그 이야기는 명백한 사실이다.

文

글월 문

부수 文 획수 4획
소1 3급 文

文 文 文 文

훈 ふみ — 文(ふみ) 글, 문서, 편지(주로 문장체에 사용)
음 ぶん/もん — 文(ぶん) 문, 문장 文学(ぶんがく) 문학 文明(ぶんめい) 문명 注文(ちゅうもん) 주문

★文字(もじ) : 글자, 문자

- 毎月(まいげつ)23日(にち)は文(ふみ)の日(ひ)です。 매월 23일은 편지의 날입니다.
- 近代文学(きんだいぶんがく)を研究(けんきゅう)します。 근대문학을 연구합니다.

青

푸를 청

부수 青 획수 8획
소1 3급 青

青 青 青 青 青 青 青 青

훈 あお/あおい — 青(あお) 파랑 青空(あおぞら) 파란하늘 青信号(あおしんごう) 청신호 青(あお)い 파랗다
음 せい/しょう — 青年(せいねん) 청년 青少年(せいしょうねん) 청소년 青春(せいしゅん) 청춘 青天(せいてん) 푸른하늘 緑青(ろくしょう) 녹청(색)

- 青(あお)の服(ふく)が好(す)きです。 파란색 옷을 좋아합니다.
- 青少年(せいしょうねん)は国(くに)の未来(みらい)です。 청소년은 나라의 미래입니다.

赤

붉을 적

부수 赤 획수 7획
소1 3급 赤

赤 赤 赤 赤 赤 赤 赤

훈 あか/あかい
赤(あか) 빨강 赤(あか)い 빨갛다 赤字(あかじ) 적자 赤(あか)ちゃん=赤(あか)ん坊(ぼう) 아기

음 せき/しゃく
赤道(せきどう) 적도 赤飯(せきはん) 팥밥 赤銅色(しゃくどういろ) 적동색

★赤(あか)らむ : 붉어지다
赤(あか)らめる : 붉히다

- 今月(こんげつ)は赤字(あかじ)です。 이번 달은 적자입니다.
- 赤道(せきどう)に近(ちか)い国(くに)は蒸(む)し暑(あつ)いです。 적도에 가까운 나라는 무덥습니다.

読

읽을 독

부수 言 획수 14획
소2 4급 讀

読 読 読 読 読 読 読 読 読 読 読 読 読 読

훈 よむ
読(よ)む 읽다 読(よ)み物(もの) 읽을 거리 音読(おんよ)み 음독 訓読(くんよみ) 훈독

음 どく/とく/とう
読書(どくしょ) 독서 読解(どっかい) 독해 読本(とくほん) 독본 読点(とうてん) 쉼표

- 大(おお)きな声(こえ)で本(ほん)を読(よ)みます。 큰 소리로 책을 읽습니다.
- 読解(どっかい)の時間(じかん)が一番楽(いちばんたの)しいです。 독해 시간이 가장 즐겁습니다.

色

빛 색

부수 色 획수 6획
소2 3급 色

色 色 色 色 色 色

훈 いろ
色(いろ) 색 色々(いろいろ) 여러 가지 色眼鏡(いろめがね) 색안경 色紙(いろがみ) 색종이

음 しょく/しき
音色(おんしょく) 음색 変色(へんしょく) 변색 色感(しきかん) 색감 景色(けしき) 경치

- デザインは色々(いろいろ)あります。 디자인은 여러 가지 있습니다.
- 古(ふる)くなって色(いろ)が変色(へんしょく)しました。 오래되어서 색이 변색되었습니다.

絵

그림 회

부수 糸 획수 12획
소2 繪

絵 絵 絵 絵 絵 絵 絵 絵 絵 絵 絵 絵

훈 –

음 え/かい
絵(え) 그림 絵(え)の具(ぐ) 물감 絵筆(えふで) 그림 붓 絵葉書(えはがき) 그림엽서 絵文字(えもじ) 그림문자 油絵(あぶらえ) 유화 絵画(かいが) 회화

비교
絵 (그림 회)
会 (모일 회)

- きれいな絵葉書(えはがき)を友達(ともだち)からもらった。 예쁜 그림엽서를 친구에게서 받았다.
- 今(いま)まで油絵(あぶらえ)を書(か)いたことがない。 지금까지 유화를 그린 적이 없다.

黄

黄黄黄黄黄黄黄黄黄黄黄

누를 황

부수 黄 획수 11획

소2 黄

훈 き/こ 黄色(きいろ) 노랑 黄色(きいろ)い 노랗다 黄緑(きみどり) 연두색

음 こう/おう 黄砂(こうさ) 황사 黄金(おうごん) 황금

★ 黄金色(こがねいろ) : 황금색

- 小学生(しょうがくせい)は黄色(きいろ)い帽子(ぼうし)をかぶる。 초등학생은 노란색 모자를 쓴다.
- 黄砂(こうさ)は3月(がつ)から5月頃(がつごろ)に多(おお)い。 황사는 3월부터 5월경에 많다.

詩

詩詩詩詩詩詩詩詩詩詩詩詩詩

시 시

부수 言 획수 13획

소3 詩

훈 –

음 し 詩人(しじん) 시인 詩集(ししゅう) 시집 漢詩(かんし) 한시 自由詩(じゆうし) 자유시 散文詩(さんぶんし) 산문시

- 彼(かれ)は有名(ゆうめい)な詩人(しじん)だ。 그는 유명한 시인이다.
- 学校(がっこう)で学級詩集(がっきゅうししゅう)を作(つく)ることにした。 학교에서 학급시집을 만들기로 했다.

章

章章章章章章章章章章章

글 장

부수 立 획수 11획

소3 章

훈 –

음 しょう 文章(ぶんしょう) 문장 楽章(がくしょう) 악장 勲章(くんしょう) 훈장

- 分(わ)かりやすい文章(ぶんしょう)を書(か)くのは簡単(かんたん)ではない。
알기 쉬운 문장을 쓰는 것은 간단하지 않다.
- ソナタ第二楽章(だいにがくしょう)を聞(き)く。 소나타 제2악장을 듣는다.

童

童童童童童童童童童童童童

아이 동

부수 立 획수 12획

소3 童

훈 わらべ 童(わらべ) 아이 童歌(わらべうた) 아이들의 구전노래

음 どう 童話(どうわ) 동화 童心(どうしん) 동심 童顔(どうがん) 동안 悪童(あくどう) 악동

- 音楽(おんがく)の時間(じかん)に童歌(わらべうた)を習(なら)いました。 음악 시간에 어린이 구전노래를 배웠습니다.
- 大人(おとな)になっても童話(どうわ)を読(よ)む。 어른이 되어도 동화를 읽는다.

昔
예 석

부수 日 획수 8획
소3 昔

昔 昔 昔 昔 昔 昔 昔 昔

훈 むかし 昔(むかし) 옛날 昔話(むかしばなし) 옛날 이야기

음 せき/しゃく 昔日(せきじつ) 옛날 今昔(こんじゃく) 금석, 지금과 옛날

비교
昔 (예 석)
音 (소리 음)
借 (빌릴 차)

- そのことは昔(むかし)から知(し)っている。 그 일은 옛날부터 알고 있다.
- 子供(こども)に昔話(むかしばなし)を聞(き)かせる。 아이에게 옛날 이야기를 들려준다.

緑
푸를 록

부수 糸 획수 14획
소3 緑

緑 緑 緑 緑 緑 緑 緑 緑 緑 緑 緑 緑 緑 緑

훈 みどり 緑(みどり) 초록, 새싹 緑色(みどりいろ) 녹색

음 りょく/ろく 緑地(りょくち) 녹지 緑茶(りょくちゃ) 녹차 新緑(しんりょく) 신록 緑青(ろくしょう) 녹청

- 青色(あおいろ)と黄色(きいろ)を混(ま)ぜると緑色(みどりいろ)になる。 청색과 황색을 섞으면 녹색이 된다.
- コーヒーにしますか、緑茶(りょくちゃ)にしますか。 커피로 하겠습니까? 녹차로 하겠습니까?

筆
붓 필

부수 竹 획수 12획
소3 筆

筆 筆 筆 筆 筆 筆 筆 筆 筆 筆 筆 筆

훈 ふで 筆(ふで) 붓, 붇상, 그림 絵筆(えふで) 그림 붓

음 ひつ 筆順(ひつじゅん) 필순 筆記(ひっき) 필기 筆者(ひっしゃ) 필자 鉛筆(えんぴつ) 연필

- 文房具屋(ぶんぼうぐや)で絵筆(えふで)を買(か)う。 문방구에서 그림 붓을 산다.
- 先生(せんせい)のお話(はなし)をノートに筆記(ひっき)する。 선생님 말씀을 노트에 필기한다.

感
느낄 감

부수 心 획수 13획
소3 感

感 感 感 感 感 感 感 感 感 感 感 感 感

훈 –

음 かん 感覚(かんかく) 감각 感(かん)じ 느낌 感情(かんじょう) 감정 感(かん)じる 느끼다 感心(かんしん) 감심, 감동 感想(かんそう) 감상 感動(かんどう) 감동 予感(よかん) 예감

- 映画(えいが)を見(み)て、感動(かんどう)する。 영화를 보고 감동한다.
- 今度(こんど)のプロジェクトはいい予感(よかん)がする。 이번 프로젝트는 좋은 예감이 든다.

想

생각 **상**

부수 心 획수 13획
소3 想

想 想 想 想 想 想 想 想 想 想 想 想 想

훈 –
음 そう/そ　想像(そうぞう) 상상　空想(くうそう) 공상　思想(しそう) 사상　発想(はっそう) 발상　理想(りそう) 이상　連想(れんそう) 연상　感想(かんそう) 감상　予想(よそう) 예상　愛想(あいそ) 붙임성, 상냥함

- 空想(くうそう)科学(かがく)映画(えいが)が大好(だいす)きだ。 공상과학영화를 매우 좋아한다.
- 大(おお)きな理想(りそう)を持(も)って努力(どりょく)する。 큰 이상을 가지고 노력한다.

鉛

납 **연**

부수 金 획수 13획
참고 중학 鉛

鉛 鉛 鉛 鉛 鉛 鉛 鉛 鉛 鉛 鉛 鉛 鉛 鉛

훈 なまり　鉛色(なまりいろ) 납색, 회색
음 えん　鉛筆(えんぴつ) 연필

- 鉛(なまり)をバーナーでとかします。 납을 버너로 녹입니다.
- 鉛筆(えんぴつ)を二本(にほん)買(か)いました。 연필을 두 자루 샀습니다.

동훈이자

동훈이자란 훈독은 같지만 뜻이 다른 한자들을 뜻한다. 문장을 쓸 때 한자를 잘못 사용하는 일이 생기면 전혀 엉뚱한 뜻으로 오해 받을 수 있으니, 발음은 같더라도 한자만은 정확하게 사용하는 습관을 들이자.

1. あつい : 暑い 덥다 / 厚い 두껍다 / 熱い 뜨겁다
2. あやまる : 誤る 실수하다 / 謝る 사과하다
3. あらわす : 表す (모습, 모양 등을) 나타내다 / 現す (감정 등을) 나타내다
4. おもて : 表 물건의 앞면 / 面 얼굴
5. かえす : 返す (빌린 것을) 돌려주다 / 帰す 돌려보내다, 돌아가게 하다
6. きく : 聞く (말이나 소리를) 듣다 / 効く 효력이 있다
7. さす : 指す (손가락으로) 가리키다 / 差す 비치다
8. たつ : 立つ 서다 / 建つ (건물 등이) 만들어지다
9. つく : 付く 붙다 / 着く 도착하다
10. なおす : 直す (부서진 물건을) 고치다 / 治す (병을) 고치다
11. はやい : 早い (시간, 시각이) 이르다 / 速い (동작, 과정이) 빠르다
12. わかれる : 分かれる 나뉘다 / 別れる 헤어지다
13. わざ : 技 기술 / 業 짓, 소행

09_여러 가지 취미

이 단원에서 배울 한자

音 소리 음
行 다닐 행
画 그림 화, 그을 획
楽 즐길 락, 노래 악
歌 노래 가
声 소리 성
工 장인 공
作 지을 작
主 주인 주
写 베낄 사
真 참 진
旅 나그네 려
物 물건 물
役 부릴 역
荷 멜 하
泳 헤엄칠 영
相 서로 상
映 비칠 영
撲 칠 박

おんがく
音楽 음악
えいが
映画 영화
しゅやく
主役
주역
누구냐 넌?
りょこう
旅行 여행
にもつ
荷物 짐
すもう
相撲
일본 씨름
しゃしん
写真
사진
こうさく
工作 공작

音

音音音音音音音音音

소리 **음**

부수 音 획수 9획
소1 3급 音

훈 おと/ね
音(おと) 소리 足音(あしおと) 발소리
音色(ねいろ) 음색 虫(むし)の音(ね) 벌레 소리

음 おん/いん
音楽(おんがく) 음악 長音(ちょうおん) 장음
短音(たんおん) 단음 子音(しいん/しおん) 자음
母音(ぼいん/ぼおん) 모음

- 遠(とお)くから足音(あしおと)が聞(き)こえます。멀리서 발소리가 들립니다.
- 友達(ともだち)と音楽会(おんがくかい)に行(い)きます。친구와 음악회에 갑니다.

行

行行行行行行

다닐 **행**

부수 行 획수 6획
소2 4급 行

훈 いく/ゆく/おこなう
行(い)く 가다 行(ゆ)く 가다 行(おこな)う 행하다

음 こう/ぎょう/あん
行動(こうどう) 행동 飛行機(ひこうき) 비행기
行事(ぎょうじ) 행사 行列(ぎょうれつ) 행렬
行火(あんか) 손발을 쬐는 작은 화로

★行方(ゆくえ) : 행방
行(ゆ)き先(さき) : 행선지

- 今日(きょう)は図書館(としょかん)に行く予定(よてい)です。오늘은 도서관에 갈 예정입니다.
- 初(はじ)めて飛行機(ひこうき)に乗(の)りました。처음으로 비행기를 탔습니다.

画

画画画画画画画画

그림 **화**, 그을 **획**

부수 田 획수 8획
소2 3급 畵

훈 –

음 が/かく
画家(がか) 화가 画面(がめん) 화면
画用紙(がようし) 도화지 画数(かくすう) 획수
画一(かくいつ) 획일 計画(けいかく) 계획

- 映画(えいが)の画面(がめん)が暗(くら)いです。영화 화면이 어둡습니다.
- 漢字(かんじ)の画数(かくすう)を正(ただ)しく覚(おぼ)えます。한자 획수를 바르게 외웁니다.

楽

楽楽楽楽楽楽楽楽楽楽楽楽楽

즐길 **락**, 노래 **악**

부수 木 획수 13획
소2 3급 樂

훈 たのしい/たのしむ
楽(たの)しい 즐겁다 楽(たの)しむ 즐기다, 기뻐하다
楽(たの)しめる 즐길 수 있다

음 がく/らく
楽団(がくだん) 악단 音楽(おんがく) 음악
楽々(らくらく) 편안히, 가볍게 娯楽(ごらく) 오락

- 友達(ともだち)との旅行(りょこう)は楽(たの)しいです。친구와의 여행은 즐겁습니다.
- 楽々(らくらく)とベッドを運(はこ)びます。가볍게 침대를 옮깁니다.

歌

노래 **가**

歌 歌 歌 歌 歌 歌 歌 歌 歌 歌 歌 歌 歌 歌

훈 うた/うたう　歌(うた) 노래　歌(うた)う 노래하다
歌声(うたごえ) 노랫소리　鼻歌(はなうた) 콧노래

음 か　歌手(かしゅ) 가수　流行歌(りゅうこうか) 유행가
国歌(こっか) 국가　歌舞伎(かぶき) 가부키

- カラオケで日本(にほん)の歌(うた)を歌(うた)いました。가라오케에서 일본 노래를 불렀습니다.
- 妹(いもうと)は歌手(かしゅ)になりたいそうです。여동생은 가수가 되고 싶다고 합니다.

부수 欠 획수 14획
소2 3급 歌

声

소리 **성**

声 声 声 声 声 声 声

훈 こえ/こわ　声(こえ) 목소리　大声(おおごえ) 큰소리
声色(こわいろ/こわね) 음색

음 せい/しょう　声楽(せいがく) 성악　声名(せいめい) 성명　音声(おんせい) 음성, 소리　平声(ひょうしょう) 평성
大音声(だいおんじょう) 큰 소리

★声(こえ)는 사람과 동물의 소리를 나타낼 때 쓰고, 音(おと)는 사물의 소리를 나타낼 때 쓰인다.

- 図書館(としょかん)では小声(こごえ)で話(はな)します。도서관에서는 작은 소리로 이야기합니다.
- 兄(あに)は音声学(おんせいがく)を研究(けんきゅう)しています。형은 음성학을 연구하고 있습니다.

부수 士 획수 7획
소2 3급 聲

工

장인 **공**

工 工 工

훈 –

음 こう/く　工事(こうじ) 공사　工場(こうじょう) 공장
工作(こうさく) 공작　工業(こうぎょう) 공업
工夫(くふう) 궁리, 고안　大工(だいく) 목수

비교
工 (장인 공)
王 (임금 왕)

- 今日(きょう)から道路工事(どうろこうじ)が始(はじ)まります。오늘부터 도로공사가 시작됩니다.
- 兄(あに)は工業高校(こうぎょうこうこう)に通(かよ)っています。형은 공업고등학교에 다니고 있습니다.

부수 工 획수 3획
소2 3급 工

作

지을 **작**

作 作 作 作 作 作 作

훈 つくる　作(つく)る 만들다　作(つく)り方(かた) 만드는 방법

음 さく/さ　作成(さくせい) 작성　作品(さくひん) 작품
作家(さっか) 작가　作用(さよう) 작용

- カレーの作(つく)り方(かた)を教(おし)えてください。카레 만드는 법을 가르쳐 주세요.
- 明日(あした)までレポートを作成(さくせい)しなければなりません。
내일까지 리포트를 작성하지 않으면 안 됩니다.

부수 亻 획수 7획
소2 3급 作

主

주인 주

부수 丶 획수 5획

소3 3급 主

主 主 主 主 主

훈 ぬし/おも	主(ぬし) 주인 持(も)ち主(ぬし) 소유자 飼(か)い主(ぬし) 기르는 사람 主(おも)に 주로
음 しゅ/す	主人(しゅじん) 남편 主力(しゅりょく) 주력 主要(しゅよう) 주요 主張(しゅちょう) 주장 主体(しゅたい) 주체 三日坊主(みっかぼうず) 작심삼일

- この人がかばんの持ち主です。 이 사람이 가방 주인입니다.
- 彼女は会社で主要な人物です。 그녀는 회사에서 주요한 인물입니다.

写

베낄 사

부수 冖 획수 5획

소3 3급 寫

写 写 写 写 写

훈 うつす/うつる	写(うつ)す 찍다, 베끼다 写(うつ)る 찍히다
음 しゃ	写真(しゃしん) 사진 写生(しゃせい) 사생, 스케치 写本(しゃほん) 사본

- 団体写真を写します。 단체사진을 찍습니다.
- 写真がきれいに写りました。 사진이 예쁘게 찍혔습니다.

真

참 진

부수 目 획수 10획

소3 3급 眞

真 真 真 真 真 真 真 真 真 真

훈 ま	真心(まごころ) 진심 真夏(まなつ) 한여름 真(ま)っ白(しろ) 새하얌 真面目(まじめ) 진지함, 성실함
음 しん	真実(しんじつ) 진실 真理(しんり) 진리 真剣(しんけん) 진지함 真意(しんい) 진의

알아두기

真(ま)

真(ま)가 앞에 붙으면 강조하는 의미가 된다.

- □ 真っ赤 새빨감
- □ 真っ青 새파람
- □ 真っ黒 새까맘
- □ 真ん中 한가운데
- □ 真昼 대낮
- □ 真っ暗 캄캄함

- 真夏は嫌いです。 한여름은 싫어합니다.
- 将来を真剣に考えています。 장래를 진지하게 생각하고 있습니다.

旅

나그네 **려**

부수 方 획수 10획

소3 3급 旅

旅 旅 旅 旅 旅 旅 旅 旅 旅 旅

훈 たび — 旅(たび) 여행 旅先(たびさき) 여행지 旅路(たびじ) 여행길 船旅(ふなたび) 배 여행

음 りょ — 旅行(りょこう) 여행 旅館(りょかん) 여관 旅客(りょかく) 여객, 여행자

비교
旅 (나그네 려)
族 (겨레 족)

- 今度(こんど)は船旅(ふなたび)を計画(けいかく)しています。 이번에는 배 여행을 계획하고 있습니다.
- 沖縄(おきなわ)に修学旅行(しゅうがくりょこう)に行(い)きます。 오키나와로 수학여행을 갑니다.

物

물건 **물**

부수 牛 획수 8획

소3 3급 物

物 物 物 物 物 物 物 物

훈 もの — 物(もの) 물건 食(た)べ物(もの) 먹을 것 乗(の)り物(もの) 탈 것 果物(くだもの) 과일

음 ぶつ/もつ — 動物(どうぶつ) 동물 物体(ぶったい) 물체 作物(さくもつ) 작물

- 果物(くだもの)は何(なん)でも好(す)きです。 과일은 무엇이든 좋아합니다.
- 家族皆(かぞくみんな)で動物園(どうぶつえん)に行(い)きます。 가족 모두 동물원에 갑니다.

役

부릴 **역**

부수 彳 획수 7획

소3 役

役 役 役 役 役 役 役

훈 –

음 やく/えき — 役者(やくしゃ) 배우 役所(やくしょ) 관청 役立(やくだ)つ 도움이 되다 役人(やくにん) 공무원 役員(やくいん) 임원 役割(やくわり) 역할, 임무 主役(しゅやく) 주역 労役(ろうえき) 노역

- 姉(あね)は役所(やくしょ)で働(はたら)いている。 누나(언니)는 관청에서 일하고 있다.
- 今度(こんど)の映画(えいが)で主役(しゅやく)になる。 이번 영화에서 주역이 된다.

荷

멜 **하**

부수 艹 획수 10획

소3 荷

荷 荷 荷 荷 荷 荷 荷 荷 荷 荷

훈 に — 荷(に)=荷物(にもつ) 짐 荷車(にぐるま) 짐수레 荷造(にづく)り 짐을 꾸림 重荷(おもに) 무거운 짐 船荷(ふなに) 뱃짐

음 か — 荷重(かじゅう) 하중 出荷(しゅっか) 출하 入荷(にゅうか) 입하

- 荷物(にもつ)を船便(ふなびん)で送(おく)った。 짐을 배편으로 보냈다.
- みかんを出荷(しゅっか)して各地(かくち)に送(おく)る。 귤을 출하해서 각지로 보낸다.

泳

헤엄칠 **영**

부수 氵 획수 8획

소3 泳

泳 泳 泳 泳 泳 泳 泳 泳

훈	およぐ	泳(およ)ぐ 헤엄치다, 헤쳐 나가다 泳(およ)ぎ 수영 背泳(せおよ)ぎ 배영
음	えい	水泳(すいえい) 수영 泳法(えいほう) 영법

- 海(うみ)で泳(およ)ぐ人(ひと)がいっぱいだ。바다에서 헤엄치는 사람이 가득하다.
- 得意(とくい)な泳法(えいほう)は背泳(せおよ)ぎである。아주 잘하는 영법은 배영이다.

相

서로 **상**

부수 目 획수 9획

소3 相

相 相 相 相 相 相 相 相 相

훈	あい	相手(あいて) 상대 相変(あいか)わらず 변함없이
음	そう/しょう	相談(そうだん) 상담 相当(そうとう) 상당 相応(そうおう) 상응, 어울림 外相(がいしょう) 외상 首相(しゅしょう) 수상 真相(しんそう) 진상

★相撲(すもう) : 씨름

- 田中(たなか)さんに相談相手(そうだんあいて)になってほしい。
  다나카 씨가 상담 상대가 되기를 바란다.
- まもなく首相(しゅしょう)の記者会見(きしゃかいけん)が始(はじ)まる。곧 수상의 기자회견이 시작된다.

映

비칠 **영**

부수 日 획수 9획

3급 映

映 映 映 映 映 映 映 映 映

훈	うつる/うつす /はえる	映(うつ)る 비치다 映(うつ)す 비추다 映(は)える 빛나다 夕映(ゆうば)え 저녁 노을
음	えい	映画(えいが) 영화 映写(えいしゃ) 영사 上映(じょうえい) 상영

- 湖面(こめん)に自分(じぶん)の顔(かお)が映(うつ)る。호수의 수면에 내 얼굴이 비친다.
- 上映(じょうえい)は午後(ごご)5時(じ)からです。상영은 오후 5시부터입니다.

撲

칠 **박**

부수 扌 획수 15획

참고 중학 撲

撲 撲 撲 撲 撲 撲 撲 撲 撲 撲 撲 撲 撲 撲 撲

훈	なぐる	撲(なぐ)る 세게 때리다(치다) 撲(なぐ)り付(つ)ける 후려 갈기다 撲(なぐ)り書(が)き 갈겨 씀
음	ぼく	撲滅(ぼくめつ) 박멸 撲殺(ぼくさつ) 박살 打撲(だぼく) 타박

- 彼(かれ)は急(きゅう)に友達(ともだち)を撲(なぐ)った。그는 갑자기 친구를 때렸다.
- 飲酒運転撲滅(いんしゅうんてんぼくめつ)のステッカーを作成(さくせい)した。
  음주운전 박멸 스티커를 작성했다.

일본인의 성씨

◉ 苗字(みょうじ) 또는 名字(みょうじ)라고도 하는 일본인의 성씨는 우리나라의 성씨보다 훨씬 종류도 많고 읽는 방법도 다양하다. 심지어는 같은 한자인데도 읽는 방법이 다른 경우도 있다. 그래서 일본 사람에게 명함을 받았을 때는 어떻게 읽는 것이 맞는지 직접 물어 보아야 실수를 면할 수 있다. 또한 우리나라의 경우 성씨의 종류가 많지 않아서 성만 부르면 누구를 부르는지 알 수 없지만, 일본 사람들은 성씨의 종류가 많은 만큼 같은 성씨를 가진 사람도 많지 않아서, 이름이 아닌 성만 불러도 혼동을 가져올 일이 별로 없기 때문에 친구 사이에도 성만 부르는 경우가 많다고 한다.

♣많이 쓰이는 성씨

❶ 佐藤(さとう)	❷ 鈴木(すずき)	❸ 高橋(たかはし)	❹ 田中(たなか)	❺ 渡辺(わたなべ)
❻ 伊藤(いとう)	❼ 山本(やまもと)	❽ 中村(なかむら)	❾ 小林(こばやし)	❿ 加藤(かとう)
⓫ 吉田(よしだ)	⓬ 山田(やまだ)	⓭ 佐々木(ささき)	⓮ 山口(やまぐち)	⓯ 松本(まつもと)
⓰ 井上(いのうえ)	⓱ 斎藤(さいとう)	⓲ 木村(きむら)	⓳ 林(はやし)	⓴ 清水(しみず)

♣재미있는 희귀 성씨

우리나라 성씨보다 훨씬 종류가 많은 일본인의 성씨 중에는 재미있는 성씨도 많다. 예를 들면 部田(とりた)는 일반적인 음독으로 읽으면 ぶた라고 읽기 쉬운 한자이다. 그런데 ぶた는 일본말로 '돼지'라는 뜻인 만큼 그렇게 읽으면 굉장히 실례가 된다. 또 '비만'이라는 뜻의 肥満(ひまん), '코털'이라는 뜻의 鼻毛(はなげ), 우리나라에서도 인기 있는 カラオケ와 같은 음을 가진 唐桶(からおけ) 등도 재미있는 성씨이다. 이 밖에도 나라 이름과 같은 日本(にっぽん), 수도 이름과 같은 東京(とうきょう) 등 재미 있는 성씨들이 많다. 하지만 이런 성씨들은 희귀한 성씨라 쉽게 만날 수는 없다.

10_나라

이 단원에서 배울 한자

町 밭두둑 정
村 마을 촌
王 임금 왕
国 나라 국
東 동녘 동
道 길 도
北 북녘 북
海 바다 해
京 서울 경
市 저자 시
世 인간 세
界 지경 계
族 겨레 족
都 도읍 도
県 고을 현
区 구분할 구
州 고을 주
民 백성 민
府 마을 부
崎 험할 기

⊙九(2단원)
⊙長(3단원)

世界(せかい) 세계

国王(こくおう) 국왕

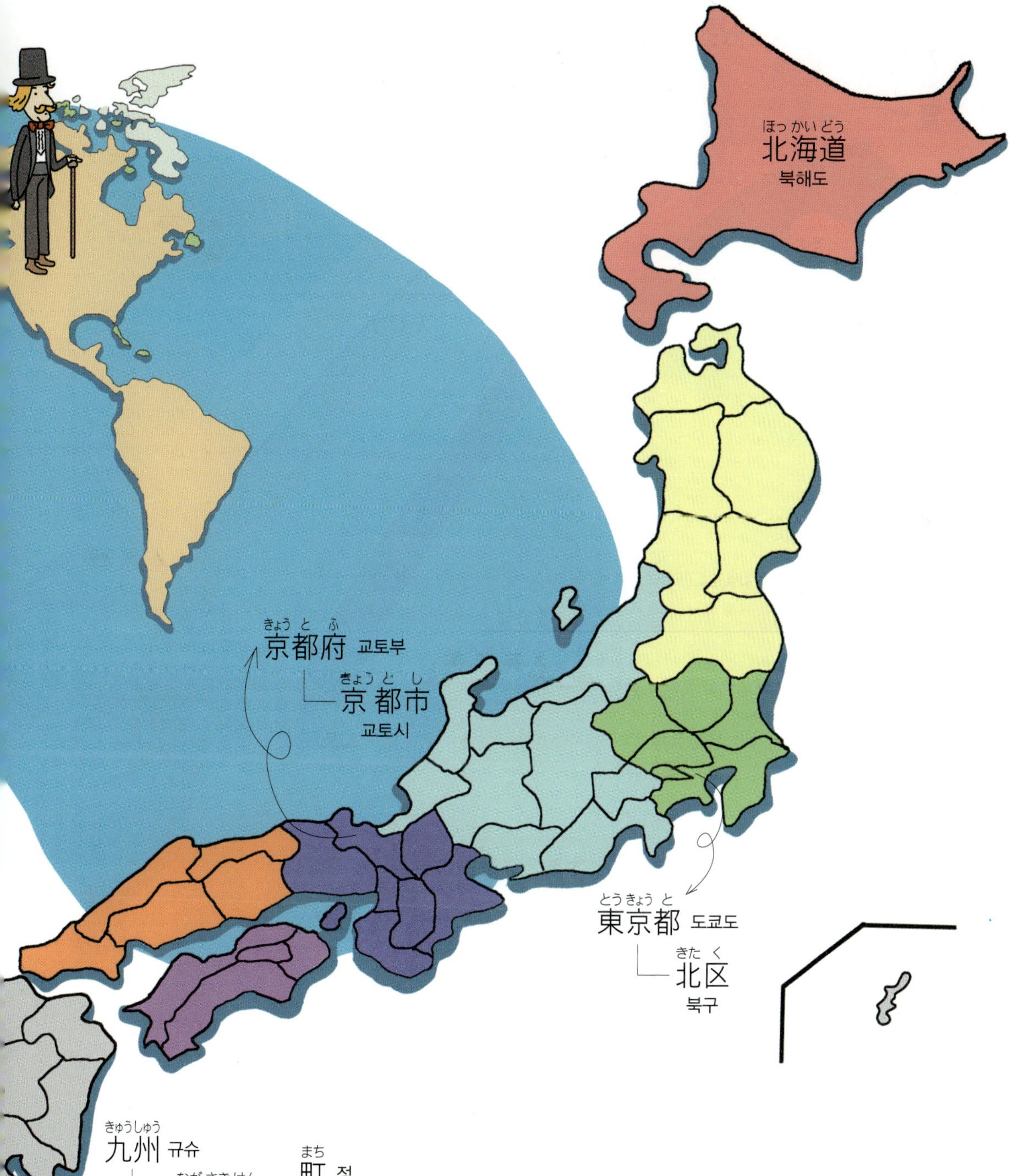

ほっかいどう
北海道
북해도
きょうとふ
京都府 교토부
きょうとし
京都市
교토시
とうきょうと
東京都 도쿄도
きたく
北区
북구
きゅうしゅう
九州 규슈
ながさきけん
長崎県
나가사키현
まち
町 정
むら
村 촌

町

밭두둑 정

부수 田 획수 7획

소1 3급 町

町 町 町 町 町 町 町

훈 まち　町(まち) 시내, 동네 町医者(まちいしゃ) 개업의 町外(まちはず)れ 변두리

음 ちょう　町会(ちょうかい) 주민자치 모임 町長(ちょうちょう) 읍장, 동장

★町(ちょう)는 우리나라의 읍 또는 동에 해당한다.

- うちの町(まち)に大(おお)きな図書館(としょかん)ができます。우리 동네에 큰 도서관이 생깁니다.
- 午後(ごご)5時(じ)に町会(ちょうかい)があります。오후 5시에 주민자치 모임이 있습니다.

村

마을 촌

부수 木 획수 7획

소1 3급 村

村 村 村 村 村 村 村

훈 むら　村(むら) 마을 村外(むらはず)れ 동구 밖, 마을 변두리 村人(むらびと) 마을 사람

음 そん　村長(そんちょう) 촌장 山村(さんそん) 산촌 農村(のうそん) 농촌

- この村(むら)は静(しず)かできれいです。이 마을은 조용하고 깨끗합니다.
- 夏休(なつやす)みには農村(のうそん)で奉仕活動(ほうしかつどう)をします。여름방학에는 농촌에서 봉사활동을 합니다.

王

임금 왕

부수 王 획수 4획

소1 王

王 王 王 王

훈 –

음 おう　王様(おうさま) 임금님 王者(おうじゃ) 임금 王子(おうじ) 왕자 女王(じょおう) 여왕

★四天王(してんのう) : 사천왕

비교

王 (임금 왕)
玉 (구슬 옥)
主 (주인 주)

- ライオンは動物(どうぶつ)の王者(おうじゃ)である。사자는 동물의 왕이다.
- イギリスは女王(じょおう)の支配(しはい)する国(くに)である。영국은 여왕이 지배하는 나라이다.

国

나라 국

부수 口 획수 8획

소2 4급 國

国 国 国 国 国 国 国 国

훈 くに　国(くに) 나라, 고향 島国(しまぐに) 섬나라

음 こく　国語(こくご) 국어 国産(こくさん) 국산 国立(こくりつ) 국립 外国(がいこく) 외국

- 日本(にほん)は島国(しまぐに)です。일본은 섬나라입니다.
- このカメラは国産(こくさん)です。이 카메라는 국산입니다.

東

동녘 동

부수 木 획수 8획

소2 4급 東

東 東 東 東 東 東 東 東

훈 ひがし　東(ひがし) 동쪽　東側(ひがしがわ) 동쪽　東向(ひがしむ)き 동향

음 とう　東西(とうざい) 동서　東北(とうほく) 동북　関東地方(かんとうちほう) 관동지방

비교
東 (동녘 동)
車 (수레 차)

- 入(い)り口(ぐち)は東側(ひがしがわ)です。 입구는 동쪽입니다.
- 青森(あおもり)と秋田(あきた)は東北地方(とうほくちほう)にあります。
  아오모리와 아키타는 동북지방에 있습니다.

道

길 도

부수 辶 획수 12획

소2 4급 道

道 道 道 道 道 道 道 道 道 道 道 道

훈 みち　道(みち) 길　道(みち)ばた 길가

음 どう/とう　道路(どうろ) 도로　国道(こくどう) 국도　水道(すいどう) 수도　柔道(じゅうどう) 유도　神道(しんとう) 신도, 일본의 전통 종교

- この財布(さいふ)は道(みち)ばたで拾(ひろ)いました。 이 지갑은 길가에서 주웠습니다.
- 今(いま)も柔道(じゅうどう)をしています。 지금도 유도를 하고 있습니다.

北

북녘 북, 달아날 배

부수 匕 획수 5획

소2 4급 北

北 北 北 北 北

훈 きた　北(きた) 북쪽　北側(きたがわ) 북쪽　北風(きたかぜ) 북풍　北国(きたぐに) 북쪽나라

음 ほく　北東(ほくとう) 북동　北上(ほくじょう) 북상　西北 (せいほく) 서북　敗北(はいぼく) 패배　東西南北(とうざいなんぼく) 동서남북

- 強(つよ)い北風(きたかぜ)が吹(ふ)きます。 강한 북풍이 붑니다.
- 台風(たいふう)が太平洋(たいへいよう)を北上(ほくじょう)します。 태풍이 태평양을 북상합니다.

海

바다 해

부수 氵 획수 9획

소2 3급 海

海 海 海 海 海 海 海 海 海

훈 うみ　海(うみ) 바다　海辺(うみべ) 해변

음 かい　海外(かいがい) 해외　海水浴(かいすいよく) 해수욕　海面(かいめん) 해면

★海女(あま) : 해녀

- 夏休(なつやす)みはいつも海(うみ)へ行(い)きます。 여름방학에는 항상 바다에 갑니다.
- 去年(きょねん)より海水浴場(かいすいよくじょう)がきれいになりました。
  작년보다 해수욕장이 깨끗해졌습니다.

京

서울 경

부수 亠 획수 8획

소2 3급 京

京京京京京京京京

훈 –

음 きょう/けい　東京(とうきょう) 도쿄　京都(きょうと) 교토
京人形(きょうにんぎょう) 교토에서 생산되는 전통인형
京阪(けいはん) 교토와 오사카

• 東京(とうきょう)は初(はじ)めてです。도쿄는 처음입니다.

• 両親(りょうしん)の古里(ふるさと)は京都(きょうと)です。부모님의 고향은 교토입니다.

市

저자 시

부수 巾 획수 5획

소2 3급 市

市市市市市

훈 いち　市場(いちば) 시장　市立(いちりつ) 시립
魚市場(うおいちば) 어시장

음 し　市立(しりつ) 시립　市役所(しやくしょ) 시청
市長(しちょう) 시장　市内(しない) 시내

★市立은 음독(しりつ)과 훈독(いちりつ)의 두 가지 방법으로 읽을 수 있다.

• 魚(さかな)を買(か)いに魚市場(うおいちば)に行(い)きます。생선을 사러 어시장에 갑니다.

• 家(いえ)から市役所(しやくしょ)まで十五分(じゅうごふん)ぐらいかかります。
집에서 시청까지 15분 정도 걸립니다.

世

인간 세

부수 一 획수 5획

소3 3급 世

世世世世世

훈 よ　世(よ)の中(なか) 세상

음 せ/せい　世界(せかい) 세계　世話(せわ) 신세　世間(せけん) 세상　世代(せだい) 세대　世紀(せいき) 세기

• 世(よ)の中(なか)は変(か)わっていきます。세상은 변해 갑니다.

• 世界旅行(せかいりょこう)がしたいです。세계여행을 하고 싶습니다.

界

지경 계

부수 田 획수 9획

소3 3급 界

界界界界界界界界界

훈 –

음 かい　学界(がっかい) 학계　業界(ぎょうかい) 업계
世界(せかい) 세계

• 広告業界(こうこくぎょうかい)の第一人者(だいいちにんしゃ)です。광고업계의 제일인자입니다.

• 彼(かれ)は世界旅行(せかいりょこう)が夢(ゆめ)です。그는 세계여행이 꿈입니다.

族

겨레 족

부수 方 획수 11획
소3 3급 族

族族族族族族族族族族族

훈 –

음 ぞく　　族長(ぞくちょう) 족장　家族(かぞく) 가족
民族(みんぞく) 민족　親族(しんぞく) 친족

- 何人(なんにん)ご家族(かぞく)ですか。 가족이 몇 분이십니까?
- 兄(あに)は日本(にほん)の民族学(みんぞくがく)を研究(けんきゅう)しています。
형은(오빠는) 일본 민속학을 연구하고 있습니다.

都

도읍 도

부수 阝 획수 11획
소3 3급 都

都都都都都都都都都都都

훈 みやこ　　都(みやこ) 수도

음 と/つ　　都市(とし) 도시　都心(としん) 도심　都立(とりつ) 도립　都合(つごう) 사정, 경우

- ベニスは水(みず)の都(みやこ)として知(し)られている。 베니스는 물의 도시로 알려져 있다.
- 私(わたし)は都立高校(とりつこうこう)に通(かよ)っています。 저는 도립고등학교에 다닙니다.

県

고을 현

부수 目 획수 9획
소3 3급 縣

県県県県県県県県県

훈 –

음 けん　　県(けん) 현　都道府県(とどうふけん) 도도부현(일본의 행정구역)　県民(けんみん) 현민
県知事(けんちじ) 도지사

★우리나라의 도에 해당한다. 일본의 행정구역은 1都 1道 2府 43県으로 나뉘어 있다.

- 福岡県(ふくおかけん)はラーメンで有名(ゆうめい)です。 후쿠오카현은 라면으로 유명합니다.
- 明日(あした)が県知事(けんちじ)の選挙(せんきょ)の日(ひ)です。 내일이 도지사 선거날입니다.

区

구분할 구

부수 匸 획수 4획
소3 3급 區

区区区区

훈 –

음 く　　区間(くかん) 구간　区分(くぶん) 구분
区役所(くやくしょ) 구청　区別(くべつ) 구별
千代田区(ちよだく) 치요다구

- 色(いろ)で区別(くべつ)しておきます。 색으로 구별해 둡니다.
- 千代田区(ちよだく)に引(ひ)っ越(こ)します。 치요다구로 이사합니다.

州

고을 주

부수 川 획수 6획

소3 州

州 州 州 州 州 州

훈	す	三角州(さんかくす) 삼각주
음	しゅう	本州(ほんしゅう) 혼슈 九州(きゅうしゅう) 규슈 コロラド州(しゅう) 콜로라도주

- 三角州(さんかくす)は河口(かわぐち)のあたりに砂(すな)がたまってできた島(しま)です。
  삼각주는 강 어귀 근처에 모래가 쌓여서 만들어진 섬입니다.
- 去年九州(きょねんきゅうしゅう)は非常(ひじょう)に暑(あつ)かった。 작년 규슈는 매우 더웠다.

民

백성 민

부수 氏 획수 5획

3급 民

民 民 民 民 民

훈	たみ	民(たみ) 백성
음	みん	民族(みんぞく) 민족 民主(みんしゅ) 민주 国民(こくみん) 국민

- 民(たみ)の声(こえ)こそが政治(せいじ)を動(うご)かす。 백성의 소리야말로 정치를 움직인다.
- 民間事業(みんかんじぎょう)が盛(さか)んです。 민간사업이 왕성합니다.

府

관청 부

부수 广 획수 8획

참고 소4 府

府 府 府 府 府 府 府 府

훈	–	
음	ふ	府(ふ) 관청, 지방 행정 구역의 하나 政府(せいふ) 정부

- 京都府教育委員会(きょうとふきょういくいいんかい)。 교토부 교육위원회.
- 大阪府(おおさかふ)の不動産情報(ふどうさんじょうほう)はこちらに。 오사카부 부동산정보는 여기서.

일본의 행정구역

일본의 행정구역은 도도부현으로 나뉘어져 있으며, 1도, 1도, 2부, 43현이 있다. 처음 도(都)는 도쿄도이고, 두 번째 도(道)는 홋카이도이다. 세 번째 부(府)가 붙는 행정구역은 오사카부와 교토부 두 곳이 있고, 네 번째 현(縣)은 총 43곳이 있는데, 도도부현의 하부에는 시정촌(市町村)이나 군(郡)이 설치되어 있다. 도도부현의 이름을 알아보자.

- **北海道地方**(ほっかいどうちほう) : 北海道(ほっかいどう)
- **東北地方**(とうほくちほう) : 青森県(あおもりけん) - 岩手県(いわてけん) - 宮城県(みやぎけん) - 秋田県(あきたけん) - 山形県(やまがたけん) - 福島県(ふくしまけん)
- **関東地方**(かんとうちほう) : 茨城県(いばらきけん) - 栃木県(とちぎけん) - 群馬県(ぐんまけん) - 埼玉県(さいたまけん) - 千葉県(ちばけん) - 東京都(とうきょうと) - 神奈川県(かながわけん)
- **中部地方**(ちゅうぶちほう) : 新潟県(にいがたけん) - 富山県(とやまけん) - 石川県(いしかわけん) - 福井県(ふくいけん) - 山梨県(やまなしけん) - 長野県(ながのけん) - 岐阜県(ぎふけん) - 静岡県(しずおかけん) - 愛知県(あいちけん)
- **近畿地方**(きんきちほう) : 三重県(みえけん) - 滋賀県(しがけん) - 京都府(きょうとふ) - 大阪府(おおさかふ) - 兵庫県(ひょうごけん) - 奈良県(ならけん) - 和歌山県(わかやまけん)
- **中国地方**(ちゅうごくちほう) : 鳥取県(とっとりけん) - 島根県(しまねけん) - 岡山県(おかやまけん) - 広島県(ひろしまけん) - 山口県(やまぐちけん)
- **四国地方**(しこくちほう) : 徳島県(とくしまけん) - 香川県(かがわけん) - 愛媛県(えひめけん) - 高知県(こうちけん)
- **九州地方**(きゅうしゅうちほう) : 福岡県(ふくおかけん) - 佐賀県(さがけん) - 長崎県(ながさきけん) - 熊本県(くまもとけん) - 大分県(おおいたけん) - 宮崎県(みやざきけん) - 鹿児島県(かごしまけん)
- **沖縄地方**(おきなわちほう) : 沖縄県(おきなわけん)

11_ 거리1

이 단원에서 배울 한자

書 글 서
店 가게 점
広 넓을 광
図 그림 도
池 못 지
公 공평할 공
園 동산 원
銀 은 은
病 병 병
院 집 원
館 집 관
薬 약 약
局 판 국
商 장사 상
神 귀신 신
宮 집 궁
祭 제사 제
遊 놀 유
便 편할 편
郵 우편 우

⊙場(6단원)
⊙行(9단원)
⊙屋(3단원)

としょかん
図書館 도서관
ゆうびんきょく
郵便局 우체국
くすりや
薬屋 약국
郵便局
XX図書館
しょうてん
商店
상점
いけ
池 연못
あそ
遊ぶ 놀다
こうえん
公園 공원

書

글 서

부수 日 획수 10획

소2 4급 書

書書書書書書書書書書

훈 かく — 書(か)く 쓰다　書(か)き方(かた) 쓰는 법
書(か)き入(い)れる 써 넣다

음 しょ — 書道(しょどう) 서예　書面(しょめん) 서면
図書(としょ) 도서, 책　辞書(じしょ) 사전

- 田舎(いなか)にいる両親(りょうしん)に手紙(てがみ)を書(か)きます。
  시골에 있는 부모님에게 편지를 씁니다.
- 小学生(しょうがくせい)の時(とき)、書道(しょどう)を習(なら)いました。 초등학생 시절, 서예를 배웠습니다.

店

가게 점

부수 广 획수 8획

소2 4급 店

店店店店店店店店

훈 みせ — 店(みせ) 가게　茶店(ちゃみせ) 찻집
店番(みせばん) 가게를 봄, 가게 보는 사람

음 てん — 店員(てんいん) 점원　支店(してん) 지점
本店(ほんてん) 본점　喫茶店(きっさてん) 다방

- 店番(みせばん)がいないので、出(で)かけられません。
  가게 볼 사람이 없어서 나갈 수 없습니다.
- あの喫茶店(きっさてん)によく行(い)きます。 저 다방에 자주 갑니다.

広

넓을 광

부수 广 획수 5획

소2 3급 廣

広広広広広

훈 ひろい — 広(ひろ)い 넓다　広場(ひろば) 광장
広間(ひろま) 큰 방　背広(せびろ) 양복

음 こう — 広告(こうこく) 광고　広大(こうだい) 광대
広報(こうほう) 홍보

★広(ひろ)まる : 넓어지다
広(ひろ)める : 넓히다
広(ひろ)がる : 퍼지다, 번지다
広(ひろ)げる : 펼치다

- 広(ひろ)い庭(にわ)がほしいです。 넓은 정원을 가지고 싶습니다.
- 一ヶ月間(いっかげつかん)企業(きぎょう)広報(こうほう)をします。 한 달간 기업 홍보를 합니다.

図

그림 도

부수 口 획수 7획

소2 3급 圖

図図図図図図図

훈 はかる — 図(はか)る 도모하다, 꾀하다

음 ず/と — 図(ず) 그림　地図(ちず) 지도　合図(あいず) 신호
図書館(としょかん) 도서관

- 皆(みんな)の安全(あんぜん)を図(はか)ります。 모두의 안전을 도모합니다.
- 週(しゅう)に一回(いっかい)は図書館(としょかん)に行(い)きます。 일주일에 한 번은 도서관에 갑니다.

池 못 지

池池池池池池

부수 氵 획수 6획
소2 3급 池

훈 いけ	池(いけ) 연못
음 ち	電池(でんち) 전지 貯水池(ちょすいち) 저수지

비교
池 (못 지)
他 (다를 타)
地 (땅 지)

- 庭(にわ)に小(ちい)さな池(いけ)があります。 정원에 작은 연못이 있습니다.
- 電池(でんち)は引(ひ)き出(だ)しの中(なか)にあります。 전지는 서랍 안에 있습니다.

公 공평할 공

公公公公

부수 八 획수 4획
소2 公

훈 おおやけ	公(おおやけ) 정부, 국가, 관청
음 こう	公園(こうえん) 공원 公開(こうかい) 공개 公団(こうだん) 공단 公認(こうにん) 공인 公立学校(こうりつがっこう) 공립학교

- 公(おおやけ)の費用(ひよう)を算定(さんてい)する。 국가 비용을 산정한다.
- 家族(かぞく)と代々木公園(よよぎこうえん)を散歩(さんぽ)する。 가족과 요요기 공원을 산책하다.

園 동산 원

園園園園園園園園園園園園園

부수 囗 획수 13획
소2 園

훈 その	園(その) 동산, 정원 花園(はなぞの) 화원
음 えん	園長(えんちょう) 원장 農園(のうえん) 농원 幼稚園(ようちえん) 유치원

비교
園 (동산 원)
遠 (멀 원)

- 夢(ゆめ)で美(うつく)しい花園(はなぞの)を見(み)ました。 꿈에서 아름다운 화원을 보았습니다.
- 妹(いもうと)は幼稚園(ようちえん)に通(かよ)っている。 여동생은 유치원에 다니고 있다.

銀 은 은

銀銀銀銀銀銀銀銀銀銀銀銀銀銀

부수 金 획수 14획
소3 3급 銀

훈 –	
음 ぎん	銀行(ぎんこう) 은행 銀座(ぎんざ) 긴자(지명) 銀色(ぎんいろ) 은색 水銀(すいぎん) 수은

- 銀行(ぎんこう)も土曜日(どようび)は休(やす)みです。 은행도 토요일은 휴일입니다.
- 銀座(ぎんざ)で約束(やくそく)があります。 긴자에서 약속이 있습니다.

病

병 병

부수 疒 획수 10획

소3 3급 病

病病病病病病病病病病

훈 やむ/やまい　病(や)む 병들다　病(やまい) 병

음 びょう/へい　病気(びょうき) 병　病人(びょうにん) 환자　病院(びょういん) 병원　疾病(しっぺい) 질병

- 病(や)んでいるおばあさんを看護(かんご)します。병든 할머니를 간호합니다.
- 過労(かろう)で病院(びょういん)に入院(にゅういん)します。과로로 병원에 입원합니다.

院

집 원

부수 阝 획수 10획

소3 3급 院

院院院院院院院院院院

훈 –

음 いん　院長(いんちょう) 원장　入院(にゅういん) 입원　病院(びょういん) 병원　学院(がくいん) 학원, 학교

- 病気(びょうき)で一ヶ月(いっかげつ)以上(いじょう)入院(にゅういん)しました。병으로 1개월 이상 입원했습니다.
- 新(あたら)しい病院(びょういん)ができました。새로운 병원이 생겼습니다.

館

집 관

부수 食 획수 16획

소3 3급 館

館館館館館館館館館館館館館館館館

훈 やかた　館(やかた) 저택

음 かん　図書館(としょかん) 도서관　新館(しんかん) 신관　本館(ほんかん) 본관　大使館(たいしかん) 대사관

- 図書館(としょかん)で一日中(いちにちじゅう)勉強(べんきょう)します。도서관에서 하루종일 공부합니다.
- 明日(あした)大使館(たいしかん)に行(い)きます。내일 대사관에 갑니다.

薬

약 약

부수 艹 획수 16획

소3 3급 藥

薬薬薬薬薬薬薬薬薬薬薬薬薬薬薬薬

훈 くすり　薬(くすり) 약　薬屋(くすりや) 약국　薬指(くすりゆび) 약지

음 やく　薬学(やくがく) 약학　薬品(やくひん) 약품　薬用(やくよう) 약용　薬局(やっきょく) 약국

비교
薬 (약 약)
楽 (즐길 락)

- 熱(ねつ)があって、薬(くすり)を飲(の)みました。열이 있어서 약을 먹었습니다.
- 薬学部(やくがくぶ)に合格(ごうかく)しました。약학부에 합격했습니다.

局局局局局局局

局

판 국

부수 尸 획수 7획

소3 局

훈 –

음 きょく　局長(きょくちょう) 국장　薬局(やっきょく) 약국　郵便局(ゆうびんきょく) 우체국　開局(かいきょく) 개국　当局(とうきょく) 당국

- 帰(かえ)りに薬局(やっきょく)によって、薬(くすり)を買(か)う。 돌아오는 길에 약국에 들러 약을 산다.
- 郵便局(ゆうびんきょく)に手紙(てがみ)を出(だ)しに行(い)く。 우체국에 편지를 부치러 간다.

商商商商商商商商商商商

商

장사 상

부수 口 획수 11획

소3 商

훈 あきなう　商(あきな)う 장사하다

음 しょう　商業(しょうぎょう) 상업　商社(しょうしゃ) 상사　商店(しょうてん) 상점　商人(しょうにん) 상인　商売(しょうばい) 장사　商品(しょうひん) 상품

- 輸入(ゆにゅう)の食料品(しょくりょうひん)を商(あきな)う。 수입한 식료품을 장사한다.
- 駅前(えきまえ)に同時(どうじ)に三(みっ)つの商店(しょうてん)ができた。 역 앞에 동시에 세 개의 상점이 생겼다.

神神神神神神神神神

神

귀신 신

부수 ネ 획수 9획

소3 神

훈 かみ/かん/こう　神(かみ) 신　神様(かみさま) 신, 하느님　神主(かんぬし) 신관　神戸(こうべ) 고베(지명)

음 しん/じん　神経(しんけい) 신경　神殿(しんでん) 신전　神話(しんわ) 신화　精神(せいしん) 정신　神社(じんじゃ) 신사

- 家族(かぞく)の健康(けんこう)を神様(かみさま)に祈(いの)る。 가족의 건강을 신에게 기원한다.
- 母(はは)は神経痛(しんけいつう)で苦労(くろう)している。 엄마는 신경통으로 고생하고 있다.

宮宮宮宮宮宮宮宮宮宮

宮

집 궁

부수 宀 획수 10획

소3 宮

훈 みや　宮家(みやけ) 왕가

음 きゅう/ぐう/く　宮殿(きゅうでん) 궁전　宮城(きゅうじょう) 궁궐　宮中(きゅうちゅう) 궁중　神宮(じんぐう) 신궁　宮内庁(くないちょう) 궁내청

- 明日(あした)は宮参(みやまい)りに行(い)きます。 내일은 신사 참배하러 갑니다.
- 神宮(じんぐう)の森(もり)が新緑(しんりょく)で美(うつく)しい。 신궁의 숲이 신록으로 아름답다.

祭

제사 제

부수 示 획수 11획

소3 祭

祭 祭 祭 祭 祭 祭 祭 祭 祭 祭 祭

훈 まつる/まつり	祭(まつ)る 제사 지내다 お祭(まつ)り 제사, 축제 夏祭(なつまつ)り 여름축제
음 さい	祝祭(しゅくさい) 축제 前夜祭(ぜんやさい) 전야제 文化祭(ぶんかさい) 문화제

- 明日(あした)から夏祭(なつまつ)りが始(はじ)まる。 내일부터 여름 축제가 시작된다.
- 学校(がっこう)の文化祭(ぶんかさい)は土曜日(どようび)です。 학교 문화제는 토요일입니다.

遊

놀 유

부수 辶 획수 12획

소3 遊

遊 遊 遊 遊 遊 遊 遊 遊 遊 遊 遊 遊

훈 あそぶ	遊(あそ)ぶ 놀다 遊(あそ)び 놀이 遊(あそ)び半分(はんぶん) 반 장난
음 ゆう/ゆ	遊園地(ゆうえんち) 유원지 遊星(ゆうせい) 유성 遊牧(ゆうぼく) 유목 遊具(ゆうぐ) 놀이기구 遊山(ゆさん) 들이나 산으로 놀러 감

- 東京(とうきょう)ディズニーランドに遊(あそ)びに行(い)く。 도쿄 디즈니랜드에 놀러 간다.
- 来週(らいしゅう)の土曜日(どようび)に遊園地(ゆうえんち)に行(い)く。 다음 주 토요일에 유원지에 간다.

便

편할 편

부수 亻 획수 9획

3급 便

便 便 便 便 便 便 便 便 便

훈 たより	便(たよ)り 소식, 편지 花便(はなだよ)り 꽃소식
음 べん/びん	便利(べんり) 편리 不便(ふべん) 불편 郵便(ゆうびん) 우편 航空便(こうくうびん) 항공편

- 息子(むすこ)の便(たよ)りが途切(とぎ)れました。 아들의 소식이 중도에 끊어졌습니다.
- 郵便物(ゆうびんぶつ)が配達(はいたつ)されました。 우편물이 배달되었습니다.

郵

우편 우

부수 阝 획수 11획

참고 소6 郵

郵 郵 郵 郵 郵 郵 郵 郵 郵 郵 郵

훈 –	
음 ゆう	郵送(ゆうそう) 우송 郵便局(ゆうびんきょく) 우체국 郵便番号(ゆうびんばんごう) 우편번호 郵便箱(ゆうびんばこ) 우체통 郵便屋(ゆうびんや)さん 우편 배달부

- 郵便箱(ゆうびんばこ)を開(あ)けて中(なか)の手紙(てがみ)を出(だ)した。 우체통을 열어서 안의 편지를 꺼냈다.
- 会社(かいしゃ)の郵便番号(ゆうびんばんごう)は何(なん)ですか。 회사의 우편번호는 무엇입니까?

일본의 국경일

우리나라의 국경일에 해당하는 날을 일본에서는 国民の祝日(こくみんのしゅくじつ)(국민의 축일)이라고 한다. 설날, 성년의 날, 헌법 기념일 등 우리나라와 비슷한 축일도 많지만 昭和の日(しょうわのひ), みどりの日(ひ) 등 우리나라에는 없는 축일이 있기도 하고, 날짜와 이름이 조금씩 다른 경우도 있다. 가깝고도 먼 이웃인 일본의 축일에 대해 알아보자.

1. 元日(がんたん) (설날) : 1월 1일
2. 成人(せいじん)の日(ひ) (성년의 날) : 1월 제2월요일
3. 建国記念(けんこくきねん)の日(ひ) (건국기념일) : 2월 11일
4. 春分(しゅんぶん)の日(ひ) (춘분) : 춘분일
5. 昭和(しょうわ)の日(ひ) (소화의 날) : 4월 29일
   - ▶ 격동의 시간을 넘어 부흥을 이룬 소화시대를 돌아보고, 나라의 장래를 생각하는 날
6. 憲法記念日(けんぽうきねんび) (헌법기념일) : 5월 3일
7. みどりの日(ひ) (초록의 날) : 5월 4일
   - ▶ 자연을 가까이함과 동시에 그 은혜에 감사하고, 여유있는 마음을 키우는 날
8. こどもの日(ひ) (어린이날) : 5월 5일
9. 海(うみ)の日(ひ) (바다의 날) : 7월 제3월요일
10. 敬老(けいろう)の日(ひ) (경로의 날) : 9월 제3월요일
11. 秋分(しゅうぶん)の日(ひ) (추분) : 추분일
12. 体育(たいいく)の日(ひ) (체육의 날) : 10월 제2월요일
13. 文化(ぶんか)の日(ひ) (문화의 날) : 11월 3일
14. 勤労感謝(きんろうかんしゃ)の日(ひ) (근로 감사의 날) : 11월 23일
15. 天皇誕生日(てんのうたんじょうび) (천황탄생일) : 12월 23일

12_거리2

이 단원에서 배울 한자

車 수레 차(거)
出 날 출
高 높을 고
通 통할 통
角 뿔 각
交 사귈 교
駅 역 역
発 필 발
死 죽을 사
列 벌릴 렬
鉄 쇠 철
橋 다리 교
速 빠를 속
路 길 로
登 오를 등
坂 고개 판
故 연고 고

⊙事(7단원) ⊙道(10단원)

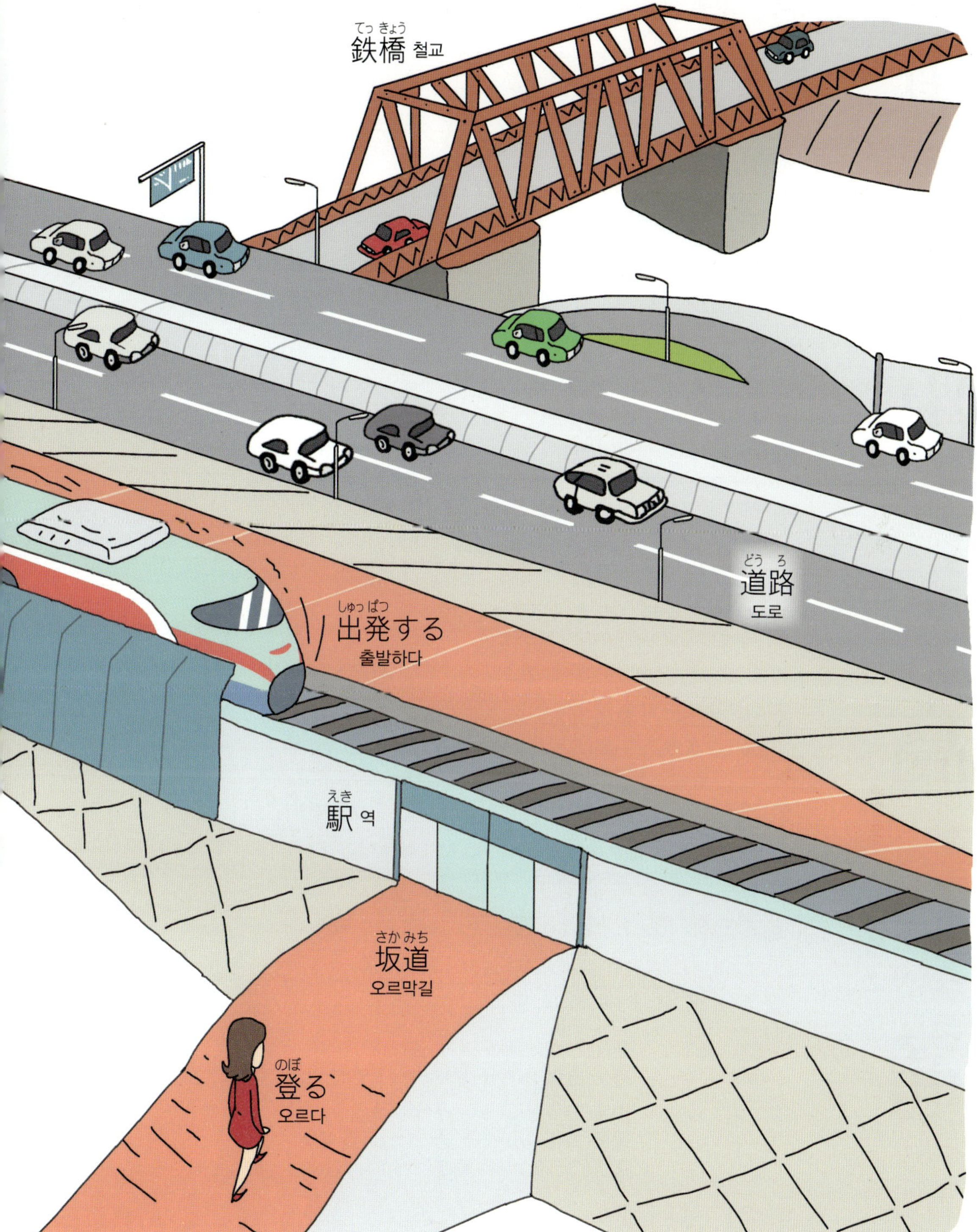

てっきょう
鉄橋 철교
どうろ
道路
도로
しゅっぱつ
出発する
출발하다
えき
駅 역
さかみち
坂道
오르막길
のぼ
登る
오르다

車

수레 차(거)

부수 車 획수 7획
소1 4급 車

車 車 車 車 車 車 車

훈 くるま — 車(くるま) 차 風車(かざぐるま) 풍차

음 しゃ — 自動車(じどうしゃ) 자동차 自転車(じてんしゃ) 자전거 汽車(きしゃ) 기차 風車(ふうしゃ) 풍차

- 父(ちち)は新(あたら)しい車(くるま)を買(か)いました。 아빠는 새 차를 샀습니다.
- 自転車(じてんしゃ)に乗(の)って学校(がっこう)へ行(い)きます。 자전거를 타고 학교에 갑니다.

出

날 출

부수 凵 획수 5획
소1 4급 出

出 出 出 出 出

훈 でる/だす — 出(で)る 나가다 出口(でぐち) 출구 出(で)かける 외출하다 出(だ)す 내다, 제출하다

음 しゅつ/すい — 外出(がいしゅつ) 외출 出勤(しゅっきん) 출근 出張(しゅっちょう) 출장 出席(しゅっせき) 출석 出納(すいとう) 출납

- 毎朝(まいあさ)、七時(しちじ)に家(いえ)を出(で)ます。 매일 아침 7시에 집을 나갑니다.
- 月曜日(げつようび)から金曜日(きんようび)まで出張(しゅっちょう)です。 월요일부터 금요일까지 출장입니다.

高

높을 고

부수 高 획수 10획
소2 4급 高

高 高 高 高 高 高 高 高 高 高

훈 たかい/たか/たかまる/たかめる — 高(たか)い 높다, 비싸다 声高(こわだか) 고성 円高(えんだか) 엔고 高(たか)まる 높아지다 高(たか)める 높이다

음 こう — 高価(こうか) 고가 高校(こうこう) 고등학교

- 家(いえ)の後(うし)ろに高(たか)い山(やま)があります。 집 뒤에 높은 산이 있습니다.
- 高価(こうか)なプレゼントをもらいました。 고가의 선물을 받았습니다.

通

통할 통

부수 辶 획수 10획
소2 3급 通

通 通 通 通 通 通 通 通 通 通

훈 とおる/とおす/かよう — 通(とお)る 통하다, 지나다 通(とお)り 길 通(とお)す 통과시키다, 통하게 하다 通(かよ)う 다니다

음 つう/つ — 通学(つうがく) 통학 通行(つうこう) 통행 通信(つうしん) 통신 通(つう)じる 통하다 通路(つうろ) 통로 通夜(つや) 밤새 기원함

- 応接間(おうせつま)に通(とお)るドアです。 응접실로 통하는 문입니다.
- 通信会社(つうしんがいしゃ)に通(かよ)っています。 통신회사에 다니고 있습니다.

角 角 角 角 角 角 角

角

뿔 각

부수 角 획수 7획

소2 角

훈 かど/つの　角(かど) 귀퉁이, 모퉁이　街角(まちかど) 길 모퉁이, 길거리　角(つの) 뿔

음 かく　角度(かくど) 각도　頭角(とうかく) 두각　直角(ちょっかく) 직각

- 街角(まちかど)で先生(せんせい)に会(あ)いました。길거리에서 선생님을 만났습니다.
- 分度器(ぶんどき)で角度(かくど)を測(はか)る。각도기로 각도를 잰다.

交 交 交 交 交 交

交

사귈 교

부수 亠 획수 6획

소2 交

훈 まじわる/まじえる/まじる/まざる/まぜる　交(まじ)わる 사귀다　交(まじ)える 섞다　交(ま)じる=交(ま)ざる 섞이다　交(ま)ぜる 섞다

음 こう　交際(こうさい) 교제　交通(こうつう) 교통　交流(こうりゅう) 교류

★交(か)わす : 나누다　飛(と)び交(か)う : 어지럽게 날다

- 線路(せんろ)が交(まじ)わる。선로가 교차한다.
- ここは交通(こうつう)が便利(べんり)です。이곳은 교통이 편리합니다.

駅 駅 駅 駅 駅 駅 駅 駅 駅 駅 駅 駅 駅 駅

駅

역 역

부수 馬 획수 14획

소3 4급 驛

훈 –

음 えき　駅(えき) 역　駅長(えきちょう) 역장　駅員(えきいん) 역무원　駅伝(えきでん) 역전

- 駅(えき)で友達(ともだち)と別(わか)れました。역에서 친구와 헤어졌습니다.
- 5年前(ねんまえ)に父(ちち)は駅長(えきちょう)でした。5년 전에 아빠는 역장이었습니다.

発 発 発 発 発 発 発 発 発

発

필 발

부수 癶 획수 9획

소3 3급 發

훈 –

음 はつ/ほつ　発明(はつめい) 발명　発言(はつげん) 발언　発音(はつおん) 발음　発見(はっけん) 발견　発生(はっせい) 발생　出発(しゅっぱつ) 출발　発行(はっこう) 발행　発足(ほっそく) 발족

- 交通事故(こうつうじこ)が発生(はっせい)しました。교통사고가 발생했습니다.
- 英文(えいぶん)の雑誌(ざっし)を発行(はっこう)します。영문 잡지를 발행합니다.

死

죽을 사

부수 歹 획수 6획
소3 3급 死

死 死 死 死 死 死

훈 しぬ　死(し)ぬ 죽다

음 し　死亡(しぼう) 사망　死後(しご) 사후
死生(しせい) 사생　死因(しいん) 사인

• 池(いけ)の魚(さかな)が死(し)にました。연못의 물고기가 죽었습니다.

• おじいさんは事故(じこ)で死亡(しぼう)しました。할아버지는 사고로 사망했습니다.

列

벌릴 렬

부수 刂 획수 6획
소3 列

列 列 列 列 列 列

훈 –

음 れつ　直列(ちょくれつ) 직렬　並列(へいれつ) 병렬
行列(ぎょうれつ) 행렬　参列(さんれつ) 참례
列強(れっきょう) 열강　列車(れっしゃ) 열차
列島(れっとう) 열도　列挙(れっきょ) 열거

• 列車(れっしゃ)が走(はし)り始(はじ)める。열차가 달리기 시작한다.

• 夏(なつ)の果物(くだもの)の種類(しゅるい)を列挙(れっきょ)する。여름 과일의 종류를 열거한다.

鉄

쇠 철

부수 金 획수 13획
소3 鐵

鉄 鉄 鉄 鉄 鉄 鉄 鉄 鉄 鉄 鉄 鉄 鉄 鉄

훈 かな　鉄棒(かなぼう) 쇠 막대기

음 てつ　鉄道(てつどう) 철도　鉄棒(てつぼう) 철봉
地下鉄(ちかてつ) 지하철　鉄橋(てっきょう) 철교

• 鬼(おに)に鉄棒(かなぼう)。괴물 손에 쇠 막대기.(가뜩이나 강한 자가 더욱 강해진다는 뜻)

• 彼(かれ)は地下鉄(ちかてつ)で会社(かいしゃ)へ行(い)きます。그는 지하철로 회사에 갑니다.

橋

다리 교

부수 木 획수 16획
소3 橋

橋 橋 橋 橋 橋 橋 橋 橋 橋 橋 橋 橋 橋 橋 橋 橋

훈 はし　橋(はし) 다리　釣(つ)り橋(ばし) 현수교

음 きょう　橋脚(きょうきゃく) 교각　陸橋(りっきょう) 육교
歩道橋(ほどうきょう) 보도교

• 釣(つ)り橋(ばし)の下(した)を川(かわ)が流(なが)れる。현수교 밑을 강이 흐른다.

• 電車(でんしゃ)が速(はや)い速度(そくど)で鉄橋(てっきょう)を渡(わた)る。전철이 빠른 속도로 철교를 건넌다.

速

빠를 속

부수 辶 획수 10획

소3 速

速速速速速速速速速速

훈 はやい/はやめる/すみやか
- 速(はや)い 빠르다 速(はや)める 속력을 내다
- 速(すみ)やか 빠름, 신속함

음 そく
- 速達(そくたつ) 속달 速度(そくど) 속도
- 速力(そくりょく) 속력 高速(こうそく) 고속
- 早速(さっそく) 곧, 즉시 速球(そっきゅう) 속구

- 履歴書(りれきしょ)を速達(そくたつ)で出(だ)す。이력서를 속달로 부친다.
- 新(あたら)しい高速道路(こうそくどうろ)が開通(かいつう)する。새로운 고속도로가 개통된다.

路

길 로

부수 ⻊ 획수 13획

소3 路

路路路路路路路路路路路路路

훈 じ
- 家路(いえじ) 귀로 旅路(たびじ) 여행길

음 ろ
- 路上(ろじょう) 노상 路面(ろめん) 노면
- 道路(どうろ) 도로 線路(せんろ) 선로
- 十字路(じゅうじろ) 십자로 通路(つうろ) 통로

- 一ヶ月(いっかげつ)の旅路(たびじ)につく。1개월의 여행길에 오른다.
- 道路(どうろ)が込(こ)んで会社(かいしゃ)に遅(おく)れてしまった。도로가 붐벼 회사에 늦고 말았다.

登

오를 등

부수 癶 획수 12획

소3 登

登登登登登登登登登登登登

훈 のぼる
- 登(のぼ)る 오르다 山登(やまのぼ)り 등산

음 と/とう
- 登山(とざん) 등산 登校(とうこう) 등교
- 登録(とうろく) 등록 登場(とうじょう) 등장
- 登記(とうき) 등기 登頂(とうちょう) 등정

알아두기

上(のぼ)る / 登(のぼ)る / 昇(のぼ)る

세 가지 모두 '아래에서 위로 오른다'라는 뜻을 가진 동사이다. 일반적으로 上(のぼ)る를 많이 사용하며, 登(のぼ)る는 산이나 나무, 연단이나 마운드 등 다른 곳보다 높은 곳에 올라갈 때, 昇(のぼ)る는 태양, 달이 뜨는 것을 표현하거나, 높은 지위에 오를 때 사용한다.

- □ 鮭(さけ)が川(かわ)を上(のぼ)る。: 연어가 강을 따라 올라간다.
- □ 猿(さる)が木(き)に登(のぼ)る。원숭이가 나무에 오른다.
- □ 太陽(たいよう)が昇(のぼ)る。태양이 뜬다.

- 子供(こども)が木(き)に登(のぼ)っている。아이가 나무에 오르고 있다.
- 新(あたら)しい住所(じゅうしょ)を登録(とうろく)する。새로운 주소를 등록한다.

坂 坂 坂 坂 坂 坂 坂

坂

고개 판

부수 土 획수 7획

소3 坂

훈	さか	坂(さか) 비탈길, 고개 坂道(さかみち) 비탈길, 고갯길 下(くだ)り坂(ざか) 내리막길 上(のぼ)り坂(ざか) 오르막길
음	はん	急坂(きゅうはん) 가파른 비탈

- 登(のぼ)り坂(ざか)はとても大変(たいへん)だ。 오르막길은 매우 힘들다.
- 急坂(きゅうはん)をかけ上(あ)がる。 가파른 비탈을 뛰어 올라간다.

故 故 故 故 故 故 故 故 故

故

연고 고

부수 攵 획수 9획

참고 소5 故

훈	ことさら/ゆえ	故(ことさら) 고의로, 일부러 故(ゆえ) 이유, 까닭 故(ゆえ)に 그러므로 故(ゆえ)無(な)く 까닭 없이
음	こ	故事(こじ) 고사 故意(こい) 고의 故人(こじん) 고인 故障(こしょう) 고장

★故郷(ふるさと) : 고향

- 愛(あい)する故(ゆえ)に別(わか)れる。 사랑하기 때문에 헤어진다.
- 機械(きかい)が故障(こしょう)する。 기계가 고장난다.

일본의 연호 ①

◉ 일본에서는 연도를 이야기할 때 우리나라처럼 서력을 쓰지 않고 독자적인 연호를 쓰는 경우가 많다. 자신의 출생 연도를 이야기할 때는 물론이고, 학교나 직장에서 사용하는 각종 공문서에도 연호를 쓰는 경우가 대부분이다. 새로운 천황이 즉위할 때마다 바뀌어 오늘에 이른 일본의 연호에는 어떤 것이 있는지 알아보자.

	연호	독음	서력		연호	독음	서력
1	大化	たいか	645~650	22	承和	じょうわ (じょうわ)	834~848
2	白雉	はくち	650~654	23	嘉祥	かしょう (かじょう)	848~851
3	朱鳥	しゅちょう (すちょう)	686	24	仁寿	にんじゅ	851~854
4	大宝	たいほう (だいほう)	701~704	25	斎衡	さいこう	854~857
5	慶雲	きょううん (けいうん)	704~708	26	天安	てんあん (てんなん)	857~859
6	和銅	わどう	708~715	27	貞観	じょうがん	859~877
7	霊亀	れいき	715~717	28	元慶	がんぎょう (げんけい)	877~885
8	養老	ようろう	717~724	29	仁和	にんな (じんな)	885~889
9	神亀	じんき	724~729	30	寛平	かんぴょう (かんぺい)	889~898
10	天平	てんぴょう (てんびょう)	729~749	31	昌泰	しょうたい	898~901
11	天平感宝	てんぴょうかんぽう	749	32	延喜	えんぎ	901~923
12	天平勝宝	てんぴょうしょうほう	749~757	33	延長	えんちょう	923~931
13	天平宝字	てんぴょうほうじ	757~765	34	承平	じょうへい (しょうへい)	931~938
14	天平神護	てんぴょうしんご	765~767	35	天慶	てんぎょう (てんきょう)	938~947
15	神護景雲	しんごけいうん	767~770	36	天暦	てんりゃく (てんれき)	947~957
16	宝亀	ほうき	770~781	37	天徳	てんとく	957~961
17	天応	てんおう	781~782	38	応和	おうわ	961~964
18	延暦	えんりゃく	782~806	39	康保	こうほう	964~968
19	大同	だいどう	806~810	40	安和	あんな (あんわ)	968~970
20	弘仁	こうにん	810~824	41	天禄	てんろく	970~973
21	天長	てんちょう	824~834	42	天延	てんえん	973~976

13_식당

이 단원에서 배울 한자

名 이름 명
理 다스릴 리
茶 차 차
肉 고기 육
刀 칼 도
米 쌀 미
麦 보리 맥
飲 마실 음
有 있을 유
洋 큰 바다 양
味 맛 미
品 물건 품
注 부을 주
酒 술 주
定 정할 정
和 화할 화
丁 장정 정
油 기름 유
豆 콩 두
氷 얼음 빙
菜 나물 채
堂 집 당
料 헤아릴 료

⊙食(1단원) ⊙物(9단원) ⊙野(6단원)
⊙一(2단원) ⊙前(1단원)

ていしょく
定食 정식
のもの
飲み物 마실 것
정식
양식
일식
마실것
차
술
ようしょく
洋食
양식
わしょく
和食
일식
さけ
酒 술
あじ
味わう
맛을 보다
りょうり
料理
요리
ちゃ
お茶
차
いっちょうまえ
一丁前 1인분
ちゅうもん
注文する
주문하다
しょくどう
食堂 식당
ゆうめい
有名だ
유명하다

名

이름 **명**

부수 口 획수 6획

소1 4급 名

名 名 名 名 名 名

훈 な — 名前(なまえ) 이름 あだ名(な) 별명 平仮名(ひらがな) 히라가나 片仮名(かたかな) 가타카나

음 めい/みょう — 名所(めいしょ) 명소 有名(ゆうめい) 유명 名字(みょうじ) 성씨 本名(ほんみょう) 본명

비교
名 (이름 명)
各 (각각 각)

- お名前(なまえ)を教(おし)えてくださいませんか。 성함을 가르쳐 주시지 않겠습니까?
- 名所(めいしょ)を案内(あんない)します。 명소를 안내하겠습니다.

理

다스릴 **리**

부수 王 획수 11획

소2 3급 理

理 理 理 理 理 理 理 理 理 理 理

훈 –

음 り — 理解(りかい) 이해 理性(りせい) 이성 理由(りゆう) 이유 無理(むり) 무리

- 文章(ぶんしょう)の意味(いみ)を理解(りかい)します。 문장의 의미를 이해합니다.
- この問題(もんだい)は理性的(りせいてき)に考(かんが)えてください。
이 문제는 이성적으로 생각해 주세요.

茶

차 **차(다)**

부수 艹 획수 9획

소2 3급 茶

茶 茶 茶 茶 茶 茶 茶 茶 茶

훈 –

음 ちゃ/さ — お茶(ちゃ) 차 茶色(ちゃいろ) 갈색 喫茶店(きっさてん) 다방

- 私(わたし)の靴(くつ)は茶色(ちゃいろ)です。 제 구두는 갈색입니다.
- 喫茶店(きっさてん)で友達(ともだち)を待(ま)ちます。 다방에서 친구를 기다립니다.

肉

고기 **육**

부수 肉 획수 6획

소2 3급 肉

肉 肉 肉 肉 肉 肉

훈 –

음 にく — 肉(にく) 고기, 살 肉食(にくしょく) 육식 肉質(にくしつ) 육질 肉声(にくせい) 육성 豚肉(ぶたにく) 돼지고기 筋肉(きんにく) 근육

비교
肉 (고기 육)
内 (안 내)

- 肉(にく)が付(つ)いて運動(うんどう)しています。 살이 붙어서 운동하고 있습니다.
- 豚肉(ぶたにく)は全然(ぜんぜん)食(た)べません。 돼지고기는 전혀 먹지 않습니다.

刀

칼 도

부수 刀 획수 2획
소2 刀

刀 刀

훈 かたな　刀(かたな) 칼　小刀(こがたな) 주머니칼, 나이프
음 とう　木刀(ぼくとう) 목검　日本刀(にほんとう) 일본 검
名刀(めいとう) 명검

비교
刀 (칼 도)
力 (힘 력)

• 登山(とざん)する時(とき)、小刀(こがたな)を持(も)っていく。등산할 때 나이프을 가지고 간다.

• おもちゃの日本刀(にほんとう)をプレゼントでもらった。
장난감 일본 검을 선물로 받았다.

米

쌀 미

부수 米 획수 6획
소2 米

米 米 米 米 米 米

훈 こめ　米(こめ) 쌀
음 べい/まい　米食(べいしょく) 쌀을 주식으로 함　欧米(おうべい) 구미　白米(はくまい) 백미, 흰쌀

비교
米 (쌀 미)
木 (나무 목)

• 東南(とうなん)アジアはお米(こめ)を主食(しゅしょく)にする。동남아시아는 쌀을 주식으로 한다.

• 欧米(おうべい)はヨーロッパとアメリカのことを言(い)う。
구미는 유럽과 미국을 말한다.

麦

보리 맥

부수 麦 획수 7획
소2 麥

麦 麦 麦 麦 麦 麦 麦

훈 むぎ　麦(むぎ) 보리　麦(むぎ)わら 밀짚　麦飯(むぎめし) 보리밥　小麦(こむぎ) 밀　大麦(おおむぎ) 대맥, 보리
음 ばく　麦芽(ばくが) 맥아　米麦(べいばく) 쌀과 보리
精麦(せいばく) 정맥

• パンは小麦(こむぎ)から、ビールは大麦(おおむぎ)から作(つく)る。빵은 밀로, 맥주는 대맥으로 만든다.

• 麦芽(ばくが)には多量(たりょう)のでんぷんが含(ふく)まれている。
맥아에는 다량의 전분이 포함되어 있다.

飲

마실 음

부수 食 획수 12획
소3 4급 飲

飲 飲 飲 飲 飲 飲 飲 飲 飲 飲 飲 飲

훈 のむ　飲(の)む 마시다　飲(の)み物(もの) 마실 것
음 いん　飲食物(いんしょくぶつ) 음식물　飲酒(いんしゅ) 음주　飲料水(いんりょうすい) 음료수

• 子供(こども)が牛乳(ぎゅうにゅう)を飲(の)みます。아이가 우유를 마십니다.

• 飲酒運転(いんしゅうんてん)は危(あぶ)ないです。음주운전은 위험합니다.

有

있을 유

부수 月 획수 6획
소3 3급 有

有有有有有有

훈 ある — 有(あ)る 있다 有難(ありがと)う 고맙다 有(あ)り得(う)る 있을 수 있다

음 ゆう/う — 有力(ゆうりょく) 유력 有名(ゆうめい) 유명 有料(ゆうりょう) 유료 有無(うむ) 유무

알아두기 有(あ)る / 居(い)る

두 가지 모두 '있다'라는 뜻을 가진 동사이다. 有(あ)る는 식물과 사물에 주로 사용하고, 사람과 동물에게는 居(い)る를 사용한다.

- 庭(にわ)には小(ち)さな池(いけ)がある。 정원에는 작은 연못이 있다.
- 庭(にわ)には小(ち)さな小犬(こいぬ)がいる。 정원에는 작은 강아지가 있다.

- かばんの中(なか)に本(ほん)があります。 가방 안에 책이 있습니다.
- ここでは有名(ゆうめい)なレストランです。 여기에서는 유명한 레스토랑입니다.

洋

큰 바다 양

부수 氵 획수 9획
소3 3급 洋

洋洋洋洋洋洋洋洋洋

훈 –

음 よう — 洋式(ようしき) 양식, 서양 스타일 洋菓子(ようがし) 서양과자 洋食(ようしょく) 양식, 서양식 식사

- 週(しゅう)に一回(いっかい)は洋食(ようしょく)にします。 일주일에 한 번은 양식으로 합니다.
- 洋菓子(ようがし)をプレゼントでもらいました。 서양과자를 선물로 받았습니다.

味

맛 미

부수 口 획수 8획
소3 3급 味

味味味味味味味味

훈 あじ/あじわう — 味(あじ) 맛 味見(あじみ) 맛을 봄 味付(あじつ)け 간 맞추기 味(あじ)わう 맛보다

음 み — 意味(いみ) 의미 加味(かみ) 가미 興味(きょうみ) 흥미 趣味(しゅみ) 취미

비교
味(맛 미)
末(아닐 미)

- 日本料理(にほんりょうり)を味見(あじみ)します。 일본 요리를 맛봅니다.
- 単語(たんご)の意味(いみ)は辞書(じしょ)で調(しら)べます。 단어의 의미는 사전에서 조사합니다.

品

물건 품

부수 口 획수 9획

소3 3급 品

品 品 品 品 品 品 品 品 品

훈 しな — 品(しな)=品物(しなもの) 물건, 물품 品切(しなぎ)れ 품절 品数(しなかず) 물건의 수

음 ひん — 品名(ひんめい) 품명 品目(ひんもく) 품목 品質(ひんしつ) 품질 食料品(しょくりょうひん) 식료품

- この商品(しょうひん)は品切(しなぎ)れです。이 상품은 품절입니다.
- 食料品(しょくりょうひん)を買(か)いにスーパーに行(い)きます。식료품을 사러 수퍼에 갑니다.

注

부을 주

부수 氵 획수 8획

소3 3급 注

注 注 注 注 注 注 注 注

훈 そそぐ — 注(そそ)ぐ 흘러들다, 붓다, 흘리다, 기울이다

음 ちゅう — 注意(ちゅうい) 주의 注目(ちゅうもく) 주목 注文(ちゅうもん) 주문

- 親(おや)は子供(こども)に愛(あい)を注(そそ)ぎます。부모는 아이에게 사랑을 기울입니다.
- 授業中(じゅぎょうちゅう)に先生(せんせい)に注意(ちゅうい)されました。수업 중에 선생님에게 주의받았습니다.

酒

술 주

부수 酉 획수 10획

소3 酒

酒 酒 酒 酒 酒 酒 酒 酒 酒 酒

훈 さけ/さか — 酒(さけ) 술 酒場(さかば) 술집 酒屋(さかや) 술을 파는 가게

음 しゅ — 飲酒(いんしゅ) 음주 日本酒(にほんしゅ) 일본주 洋酒(ようしゅ) 양주 禁酒(きんしゅ) 금주

- 酒屋(さかや)にワインを買(か)いに行(い)く。술가게에 와인을 사러 간다.
- 洋酒(ようしゅ)より日本酒(にほんしゅ)の方(ほう)が好(す)きだ。양주보다 일본주를 더 좋아한다.

定

정할 정

부수 宀 획수 8획

소3 定

定 定 定 定 定 定 定 定

훈 さだまる/さだめる/さだか — 定(さだ)まる 정해지다, 안정되다 定(さだ)める 정하다, 진정시키다 定(さだ)か 분명함, 확실함

음 じょう/てい — 定席(じょうせき) 정해진 자리 案(あん)の定(じょう) 생각한 대로 定員(ていいん) 정원 定価(ていか) 정가 定年(ていねん) 정년 安定(あんてい) 안정

- 規則(きそく)を定(さだ)めて、来月(らいげつ)から実行(じっこう)する。규칙을 정해 다음 달부터 실행한다.
- このかばんの定価(ていか)は三千円(さんぜんえん)です。이 가방의 정가는 3천 엔입니다.

和

화할 **화**

부수 口 획수 8획

소3 和

和 和 和 和 和 和 和 和

훈	やわらぐ/やわらげる	和(やわ)らぐ 누그러지다 和(やわ)らげる 완화하다, 알기 쉽게 하다
음	わ/お	和英(わえい) 일본어와 영어 和風(わふう) 일본풍 平和(へいわ) 평화 和尚(おしょう) 스님

★和(なご)む : 온화해지다
和(なご)やか : 온화함, 부드러움

- 昨日(きのう)より寒(さむ)さが和(やわ)らぐ。어제보다 추위가 누그러진다.
- お昼(ひる)は母(はは)が作(つく)ってくれた和風(わふう)ハンバーガーです。
점심은 어머니가 만들어 주신 일본풍 햄버거입니다.

丁

장정 **정**

부수 一 획수 2획

소3 丁

丁 丁

훈	–	
음	ちょう/てい	横丁(よこちょう) 골목, 옆 길 落丁(らくちょう) 낙장 丁寧(ていねい) 정중함 一丁(いっちょう) 한 모 一丁前(いっちょうまえ) 1인분

- 横町(よこちょう)に果物屋(くだものや)がある。골목에 과일 가게가 있다.
- 豆腐一丁(とうふいっちょう)買(か)ってきなさい。두부 한 모 사 오렴.

油

기름 **유**

부수 氵 획수 8획

소3 油

油 油 油 油 油 油 油 油

훈	あぶら	油(あぶら) 기름 油絵(あぶらえ) 유화 油屋(あぶらや) 기름가게 ごま油(あぶら) 참기름
음	ゆ	油断(ゆだん) 방심, 부주의 石油(せきゆ) 석유 灯油(とうゆ) 등유 醤油(しょうゆ) 간장

비교
油 (기름 유)
由 (말미암을 유)

- 油屋(あぶらや)で胡麻油(ごまあぶら)を買(か)う。기름 가게에서 참기름을 산다.
- イランから石油(せきゆ)を輸入(ゆにゅう)している。이란에서 석유를 수입하고 있다.

豆

콩 **두**

부수 豆 획수 7획

소3 豆

豆 豆 豆 豆 豆 豆 豆

훈	まめ	豆(まめ) 콩 豆(まめ)まき 콩 뿌리기 豆粒(まめつぶ) 콩알 黒豆(くろまめ) 검은 콩
음	とう/ず	豆腐(とうふ) 두부 納豆(なっとう) 낫토

★小豆(あずき) : 팥

- 節分(せつぶん)には豆(まめ)まきをする風習(ふうしゅう)がある。입춘 전날에는 콩을 뿌리는 풍습이 있다.
- 豆腐(とうふ)はたんぱく質(しつ)の豊(ゆた)かな食品(しょくひん)だ。두부는 단백질이 풍부한 식품이다.

氷

얼음 **빙**

부수 水 획수 5획
소3 氷

氷氷氷氷氷

훈 こおる/こおり/ひ	氷(こお)る 얼다 氷(こおり) 얼음 かき氷(ごおり) 빙수 氷雨(ひさめ) 우박
음 ひょう	氷山(ひょうざん) 빙산 氷河(ひょうが) 빙하 氷点(ひょうてん) 빙점 流氷(りゅうひょう) 유빙

비교
氷 (얼음 빙)
水 (물 수)

- 寒(さむ)さで池(いけ)が氷(こお)った。추위로 연못이 얼었다.
- 大昔(おおむかし)に氷河時代(ひょうがじだい)があった。오랜 옛날에 빙하시대가 있었다.

菜

나물 **채**

부수 艹 획수 11획
3급 菜

菜菜菜菜菜菜菜菜菜菜菜

훈 な	菜(な) 야채, 채소 菜(な)っ葉(ぱ) 푸성귀
음 さい	野菜(やさい) 야채 菜園(さいえん) 채소밭 菜食(さいしょく) 채식 白菜(はくさい) 배추

- 馬(うま)に菜(な)っ葉(ぱ)をやります。말에게 푸성귀를 줍니다.
- 子供(こども)の時(とき)は野菜(やさい)が嫌(きら)いでした。어렸을 때는 야채를 싫어했습니다.

堂

집 **당**

부수 土 획수 11획
3급 堂

堂堂堂堂堂堂堂堂堂堂堂

훈 –	
음 どう	講堂(こうどう) 강당 食堂(しょくどう) 식당 聖堂(せいどう) 성당 正々堂々(せいせいどうどう) 정정당당

비교
堂 (집 당)
党 (무리 당)

- 講堂(こうどう)で卒業式(そつぎょうしき)を行(おこな)います。강당에서 졸업식을 거행합니다.
- 学校内(がっこうない)に食堂(しょくどう)はありません。학교 내에 식당은 없습니다.

料

헤아릴 **료**

부수 斗 획수 10획
3급 料

料料料料料料料料料料

훈 –	
음 りょう	料理(りょうり) 요리 料金(りょうきん) 요금 有料(ゆうりょう) 유료

- 料理(りょうり)の準備(じゅんび)で忙(いそが)しいです。요리 준비로 바쁩니다.
- 四歳(よんさい)から有料入場(ゆうりょうにゅうじょう)です。4세부터 유료입장입니다.

14_자연1

이 단원에서 배울 한자

山 메 산	谷 골 곡
川 내 천	羽 깃 우
花 꽃 화	鳴 울 명
犬 개 견	馬 말 마
森 수풀 삼	炭 숯 탄
林 수풀 림	畑 화전 전
田 밭 전	流 흐를 류
虫 벌레 충	湖 호수 호
草 풀 초	羊 양 양
竹 대 죽	追 쫓을 추
自 스스로 자	根 뿌리 근
地 땅 지	実 열매 실
牛 소 우	低 낮을 저
鳥 새 조	然 그럴 연
寺 절 사	
原 언덕 원	
石 돌 석	
岩 바위 암	

⊙野(6단원)

とり
鳥 새
しぜん
自然 자연
はね
羽 날개
みずうみ
湖 호수
のはら
野原 들판
うし
牛 소
うま
馬 말
배째!
ひつじ
羊 양
위치로!
いぬ
犬 개
お
追う
쫓다
たはた
田畑 논밭
かわ なが
川が流れる
강이 흐른다

山

메 산

부수 山 획수 3획

소1 4급 山

山 山 山

훈 やま　山(やま) 산　山登(やまのぼ)り 등산　山小屋(やまごや) 산장

음 さん　山水(さんすい) 산수　山村(さんそん) 산촌　沢山(たくさん) 많이　火山(かざん) 화산

- 家(いえ)の近(ちか)くに山(やま)があります。집 근처에 산이 있습니다.
- 子供(こども)の時(とき)、山村(さんそん)で過(す)ごしました。어렸을 때 산촌에서 보냈습니다.

川

내 천

부수 川 획수 3획

소1 4급 川

川 川 川

훈 かわ　川(かわ) 강, 하천, 시내　川口(かわぐち) 강어귀　小川(おがわ) 작은 강

음 せん　河川(かせん) 하천　山川(さんせん) 산천

★川原(かわら) : 강가나 냇가의 모래밭

- 舟(ふね)で川(かわ)を渡(わた)ります。배로 강을 건넙니다.
- 町(まち)に河川(かせん)が流(なが)れます。마을에 하천이 흐릅니다.

花

꽃 화

부수 艹 획수 7획

소1 4급 花

花 花 花 花 花 花 花

훈 はな　花(はな) 꽃　花屋(はなや) 꽃가게　草花(くさばな) 화초　生(い)け花(ばな) 꽃꽂이

음 か　花瓶(かびん) 꽃병　花壇(かだん) 화단　花粉(かふん) 꽃가루　造花(ぞうか) 조화

- 帰(かえ)りに花屋(はなや)に寄(よ)ります。돌아오는 길에 꽃집에 들릅니다.
- 庭(にわ)に小(ち)さな花壇(かだん)があります。정원에 작은 화단이 있습니다.

犬

개 견

부수 犬 획수 4획

소1 3급 犬

犬 犬 犬 犬

훈 いぬ　犬(いぬ) 개　犬小屋(いぬごや) 개집　子犬(こいぬ) 강아지　飼(か)い犬(いぬ) 기르는 개

음 けん　愛犬(あいけん) 애견　番犬(ばんけん) 집 지키는 개

비교
犬 (개 견)
大 (큰 대)

- 子犬(こいぬ)を生(う)みました。강아지를 낳았습니다.
- だんだん愛犬家(あいけんか)が増(ふ)えてきました。점점 애견가가 늘어나고 있습니다.

森 수풀 삼

부수 木 획수 12획
소1 3급 森

훈 もり — 森(もり) 숲　森路(もりじ) 숲길
음 しん — 森林(しんりん) 삼림

비교
森 (수풀 삼)
木 (나무 목)
林 (수풀 림)

- 友達(ともだち)と森(もり)の中(なか)を散歩(さんぽ)します。 친구와 숲 속을 산책합니다.
- 彼(かれ)の仕事(しごと)は森林(しんりん)を守(まも)る事(こと)です。 그의 일은 삼림을 지키는 것입니다.

林 수풀 림

부수 木 획수 8획
소1 3급 林

훈 はやし — 林(はやし) 숲
음 りん — 林業(りんぎょう) 임업　山林(さんりん) 산림　樹林(じゅりん) 수림

- 林(はやし)の中(なか)を歩(ある)きます。 숲 속을 걷습니다.
- 最近森林浴(さいきんしんりんよく)が流行(はや)っています。 요즘 삼림욕이 유행하고 있습니다.

田 밭 전

부수 田 획수 5획
소1 3급 田

훈 た — 田(た)=田(た)んぼ 논　田植(たう)え 모내기
음 でん — 田園(でんえん) 전원　水田(すいでん) 수전, 논　油田(ゆでん) 유전

★일본에서는 논을 田(た)んぼ라고 하고, 밭은 畑(はたけ)라고 한다.

★田舎(いなか) : 시골

- 子供(こども)の時(とき)は田舎(いなか)で育(そだ)ちました。 어렸을 때 시골에서 자랐습니다.
- 田園生活(でんえんせいかつ)に満足(まんぞく)しています。 전원생활에 만족하고 있습니다.

虫 벌레 충

부수 虫 획수 6획
소1 蟲

훈 むし — 虫(むし) 벌레　虫歯(むしば) 충치　弱虫(よわむし) 겁쟁이　毛虫(けむし) 모충
음 ちゅう — 昆虫(こんちゅう) 곤충　害虫(がいちゅう) 해충

- 毛虫(けむし)は本当(ほんとう)に気持(きも)ち悪(わる)い。 모충은 정말로 기분 나쁘다.
- ファーブルの昆虫記(こんちゅうき)は有名(ゆうめい)な本(ほん)である。
파브르의 곤충기는 유명한 책이다.

草

풀 초

부수 艹 획수 9획

소1 草

草草草草草草草草草

훈 くさ — 草(くさ) 풀 草花(くさばな) 화초 草木(くさき) 초목 草(くさ)むしり 풀을 뽑음

음 そう — 草本(そうほん) 초본 雑草(ざっそう) 잡초 薬草(やくそう) 약초

★草履(ぞうり) : 일본 짚신

- 春(はる)になると庭(にわ)に草花(くさばな)を植(う)えます。봄이 되면 정원에 화초를 심습니다.
- 弟(おとうと)と庭(にわ)の雑草(ざっそう)を抜(ぬ)いた。남동생과 정원의 잡초를 뽑았다.

竹

대 죽

부수 竹 획수 6획

소1 竹

竹竹竹竹竹竹

훈 たけ — 竹(たけ) 대나무 竹馬(たけうま) 죽마 竹(たけ)の子(こ) 죽순 青竹(あおだけ) 청죽

음 ちく — 竹林(ちくりん) 죽림

★竹刀(しない) : 죽도

- お正月(しょうがつ)に田舎(いなか)に行(い)って竹馬(たけうま)に乗(の)った。
  정초에 시골에 가서 대나무 말을 탔다.
- 竹林(ちくりん)を主(おも)とした山水画(さんすいが)。대나무 숲을 주로 한 산수화.

自

스스로 자

부수 自 획수 6획

소2 3급 自

自自自自自自

훈 みずから — 自(みずか)ら 스스로, 자기 자신

음 じ/し — 自己(じこ) 자기 自宅(じたく) 자택 自分(じぶん) 자신 自然(しぜん) 자연

비교
自 (스스로 자)
目 (눈 목)

- 自(みずか)ら反省(はんせい)します。스스로 반성합니다.
- 自己紹介(じこしょうかい)をお願(ねが)いします。자기소개를 부탁합니다.

地

땅 지

부수 土 획수 6획

소2 3급 地

地地地地地地

훈 –

음 ち/じ — 地区(ちく) 지구 地上(ちじょう) 지상 地方(ちほう) 지방 地震(じしん) 지진 地味(じみ) 수수함

- うちの会社(かいしゃ)には地方出身(ちほうしゅっしん)の人(ひと)が多(おお)いです。
  우리 회사에는 지방 출신자가 많습니다.
- 姉(あね)は地味(じみ)な服(ふく)が好(す)きです。언니는 수수한 옷을 좋아합니다.

牛

소 우

부수 牛 획수 4획
소2 3급 牛

牛 牛 牛 牛

훈 うし — 牛(うし) 소 子牛(こうし) 송아지

음 ぎゅう — 牛乳(ぎゅうにゅう) 우유 牛馬(ぎゅうば) 소와 말 牛肉(ぎゅうにく) 쇠고기

비교
牛 (소 우)
午 (낮 오)

- 田舎(いなか)に牛(うし)が五頭(ごとう)います。 시골에 소가 다섯 마리 있습니다.
- 毎朝牛乳(まいあさぎゅうにゅう)を飲(の)みます。 매일 아침 우유를 마십니다.

鳥

새 조

부수 鳥 획수 11획
소2 3급 鳥

鳥 鳥 鳥 鳥 鳥 鳥 鳥 鳥 鳥 鳥 鳥

훈 とり — 鳥(とり) 새 鳥小屋(とりごや) 새장 水鳥(みずとり) 물새 鳥肉(とりにく) 닭고기

음 ちょう — 鳥類(ちょうるい) 조류 白鳥(はくちょう) 백조

- 鳥(とり)を三羽(さんば)買(か)いました。 새를 세 마리 샀습니다.
- 鶏肉(とりにく)が一番(いちばん)好(す)きです。 닭고기를 가장 좋아합니다.

寺

절 사

부수 寸 획수 6획
소2 寺

寺 寺 寺 寺 寺 寺

훈 てら — お寺(てら) 절 山寺(やまでら) 산사 お寺参(てらまい)り 절에 참배함

음 じ — 寺院(じいん) 사원 寺塔(じとう) 사탑

- 毎月(まいつき)、お寺参(てらまい)りに行(い)く。 매월 절에 참배하러 간다.
- 東大寺(とうだいじ)は有名(ゆうめい)な寺院(じいん)です。 도다이지는 유명한 사원이다.

原

언덕 원

부수 厂 획수 10획
소2 原

原 原 原 原 原 原 原 原 原 原

훈 はら — 原(はら)=野原(のはら) 들, 벌판

음 げん — 原因(げんいん) 원인 原産(げんさん) 원산 原始(げんし) 원시 原点(げんてん) 원점 原理(げんり) 원리 原油(げんゆ) 원유

- 野原(のはら)で走(はし)り回(まわ)っている子供(こども)たち。 들판에서 뛰어다니고 있는 아이들.
- 原点(げんてん)に戻(もど)って考(かんが)え直(なお)す。 원점으로 돌아가 다시 생각한다.

石

돌 석

부수 石 획수 5획
소2 石

石石石石石

훈 いし	石段(いしだん) 돌계단	小石(こいし) 작은 돌
음 せき/しゃく/こく	岩石(がんせき) 암석	宝石(ほうせき) 보석
	磁石(じしゃく) 자석	米二石(こめにこく) 쌀 두 섬

비교
石 (돌 석)
右 (오른쪽 우)

- 5階(かい)の石段(いしだん)を上(のぼ)る。 5층 돌계단을 오른다.
- 宝石(ほうせき)の中(なか)でルビーが一番(いちばん)好(す)きだ。 보석 중에서 루비를 제일 좋아한다.

岩

바위 암

부수 山 획수 8획
소2 巖

岩岩岩岩岩岩岩岩

훈 いわ	岩(いわ) 바위	岩場(いわば) 암벽, 바위가 많은 곳
음 がん	岩石(がんせき) 암석	溶岩(ようがん) 용암
	奇岩(きがん) 기암	石灰岩(せっかいがん) 석회암

- 危(あぶ)ない岩場(いわば)を上(あ)がる。 위험한 암벽을 오른다.
- 火山(かざん)から溶岩(ようがん)が流(なが)れ出(で)るという報道(ほうどう)があった。
화산에서 용암이 흘러나온다는 보도가 있었다.

谷

골 곡

부수 谷 획수 7획
소2 谷

谷谷谷谷谷谷谷

훈 たに	谷(たに) 골짜기, 계곡	谷風(たにかぜ) 골짜기 바람
	谷間(たにあい/たにま) 골짜기	
	谷川(たにがわ) 계류, 골짜기에 흐르는 시냇물	
음 こく	峡谷(きょうこく) 협곡	渓谷(けいこく) 계곡

비교
谷 (골 곡)
合 (합할 합)

- 谷川(たにがわ)の水(みず)で手(て)を洗(あら)う。 계곡물로 손을 씻는다.
- 峡谷(きょうこく)の水(みず)を利用(りよう)してダムを作(つく)る。 협곡의 물을 이용해서 댐을 만든다.

羽

깃 우

부수 羽 획수 6획
소2 羽

羽羽羽羽羽羽

훈 は/はね	羽(はね)=羽根(はね) 날개	羽音(はおと) 날개 소리
음 う	羽毛(うもう) 우모	
	羽化(うか) 우화, 유충이 성충이 되어 날개가 돋음	

★새나 토끼를 셀 때는 [わ]로 읽으며, 六, 八, 十, 百에 붙을 때는 [ぱ], 三에 붙을 때는 [ば]로 읽는다.

- 木(き)の枝(えだ)に鳥(とり)が一羽(いちわ)止(と)まっている。 나뭇가지에 새가 한 마리 앉아 있다.
- 羽毛(うもう)のジャンパーを着(き)て山(やま)に行(い)く。 우모 점퍼를 입고 산에 간다.

鳴

울 명

부수 鳥 획수 14획

소2 鳴

鳴 鳴 鳴 鳴 鳴 鳴 鳴 鳴 鳴 鳴 鳴 鳴 鳴 鳴

훈 なく/ならす/なる	鳴(な)く (새, 짐승, 벌레 등이) 울다 鳴(な)らす 울리다 (타동사), (명성을) 날리다 鳴(な)る 울리다 (자동사), 소리가 나다	
음 めい	悲鳴(ひめい) 비명 雷鳴(らいめい) 천둥소리	

비교
鳴 (울 명)
鳥 (새 조)

- 虫(むし)の鳴(な)き声(ごえ)で眠(ねむ)れなかった。벌레 울음소리 때문에 잘 수 없었다.
- ゆうべ、悲鳴(ひめい)が聞(き)こえて驚(おどろ)いた。간밤에 비명소리가 들려서 놀랐다.

馬

말 마

부수 馬 획수 10획

소2 馬

馬 馬 馬 馬 馬 馬 馬 馬 馬 馬

훈 うま/ま	馬(うま) 말 馬乗(うまの)り 말타기 馬飛(うまと)び 말뚝박기 놀이
음 ば	馬車(ばしゃ) 마차 馬力(ばりき) 마력 名馬(めいば) 명마 競馬(けいば) 경마

- 昼休(ひるやす)みには馬飛(うまと)びをして遊(あそ)ぶ。점심시간에는 말뚝박기 놀이를 하며 논다.
- 久(ひさ)しぶりに遊園地(ゆうえんち)で馬車(ばしゃ)に乗(の)る。오랜만에 유원지에서 마차를 탄다.

炭

숯 탄

부수 火 획수 9획

소3 炭

炭 炭 炭 炭 炭 炭 炭 炭 炭

훈 すみ	炭(すみ) 숯 炭火(すみび) 숯불
음 たん	炭鉱(たんこう) 탄광 炭田(たんでん) 탄전 木炭(もくたん) 목탄 石炭(せきたん) 석탄

- 石炭(せきたん)と石油(せきゆ)は重要(じゅうよう)な資源(しげん)である。석탄과 석유는 중요한 자원이다.
- 炭火(すみび)で肉(にく)をやく。숯불로 고기를 굽는다.

畑

화전 전

(일본한자)

부수 田 획수 9획

소3

畑 畑 畑 畑 畑 畑 畑 畑 畑

훈 はた/はたけ	畑(はた)=畑(はたけ) 밭, 전문분야 田畑(たはた) 논밭 豆畑(まめばたけ) 콩밭 茶畑(ちゃばたけ) 차나무밭 花畑(はなばたけ) 꽃밭
음 –	

- この仕事(しごと)は畑違(はたけちが)いだ。이 일은 전문 분야가 아니다.
- 野菜畑(やさいばたけ)でなすを作(つく)っている。채소밭에서 가지를 재배하고 있다.

流

호를 류

부수 氵 획수 10획

소3 流

流 流 流 流 流 流 流 流 流 流

훈 ながす/ながれる　流(なが)す 흘리다, 흐르게 하다　流(なが)れる 흐르다

음 りゅう/る　流行(りゅうこう) 유행　流通(りゅうつう) 유통
一流(いちりゅう) 일류　海流(かいりゅう) 해류
合流(ごうりゅう) 합류　流浪(るろう) 유랑

★流行(はや)る : 유행하다
流石(さすが) : 과연

- 悲(かな)しい映画(えいが)を見(み)て涙(なみだ)を流(なが)す。 슬픈 영화를 보고 눈물을 흘린다.
- 一週間後(いっしゅうかんご)にチームと合流(ごうりゅう)する。 일주일 후에 팀과 합류한다.

湖

호수 호

부수 氵 획수 12획

소3 湖

湖 湖 湖 湖 湖 湖 湖 湖 湖 湖 湖 湖

훈 みずうみ　湖(みずうみ) 호수

음 こ　湖水(こすい) 호수　湖上(こじょう) 호수 위
湖畔(こはん) 호반, 호숫가

- ここなら湖(みずうみ)が見(み)える。 여기라면 호수가 보인다.
- 湖畔(こはん)にある大(おお)きな旅館(りょかん)に泊(と)まる。 호반에 있는 큰 여관에 묵는다.

羊

양 양

부수 羊 획수 6획

소3 羊

羊 羊 羊 羊 羊 羊

훈 ひつじ　羊(ひつじ) 양　子羊(こひつじ) 어린 양
羊飼(ひつじか)い 양치기

음 よう　羊皮紙(ようひし) 양피지　羊毛(ようもう) 양모
綿羊(めんよう) (면) 양

비교
羊 (양 양)
半 (반 반)
洋 (큰 바다 양)

- 紙(かみ)を食(た)べている羊(ひつじ)。 종이를 먹고 있는 양.
- 日本(にほん)は羊毛(ようもう)の大部分(だいぶぶん)を輸入(ゆにゅう)している。
일본은 양모의 대부분을 수입하고 있다.

追

쫓을 추

부수 辶 획수 9획

소3 追

追 追 追 追 追 追 追 追 追

훈 おう　追(お)う 쫓다　追(お)い掛(か)ける 뒤쫓아 가다
追(お)い越(こ)す 추월하다
追(お)い出(だ)す 쫓아내다

음 つい　追加(ついか) 추가　追求(ついきゅう) 추구
追憶(ついおく) 추억　追放(ついほう) 추방

- 後(うし)ろの車(くるま)が急(きゅう)に追(お)い越(こ)した。 뒤의 차가 갑자기 추월했다.
- 一人前(いちにんまえ)を追加(ついか)する。 1인분을 추가한다.

根

뿌리 근

부수 木 획수 10획
소3 根

根根根根根根根根根根

훈	ね	根(ね) 뿌리, 근본 根回(ねまわ)し 사전 공작 根元(ねもと) 밑동, 근본 屋根(やね) 지붕
음	こん	根気(こんき) 끈기 根性(こんじょう) 근성 根底(こんてい) 밑바탕 根本(こんぽん) 근본 大根(だいこん) 무

- 根(ね)が丈夫(じょうぶ)な木(き)。뿌리가 튼튼한 나무.
- その事(こと)について根本的(こんぽんてき)に考(かんが)え直(なお)す。그 일에 대해 근본적으로 다시 생각한다.

実

열매 실

부수 宀 획수 8획
소3 實

実実実実実実実実

훈	み/みのる	実(み) 결실, 성과, 소득 木(き)の実(み) 나무 열매 実(みの)る 열매 맺다, 결실 맺다
음	じつ	実現(じつげん) 실현 実力(じつりょく) 실력 実行(じっこう) 실행 実際(じっさい) 실제 実家(じっか) 생가, 친정 実感(じっかん) 실감 実験(じっけん) 실험

- その間(あいだ)の苦労(くろう)が実(みの)る。그 동안의 노고가 결실 맺는다.
- とうとう兄(あに)の夢(ゆめ)が実現(じつげん)する。드디어 형(오빠)의 꿈이 실현된다.

低

낮을 저

부수 亻 획수 7획
3급 低

低低低低低低低

훈	ひくい/ひくまる/ひくめる	低(ひく)い 낮다 低(ひく)まる 낮아지다 低(ひく)める 낮추다
음	てい	低気圧(ていきあつ) 저기압 低音(ていおん) 저음 低空(ていくう) 저공

- 部屋(へや)の温度(おんど)が低(ひく)いです。방의 온도가 낮습니다.
- 低空飛行(ていくうひこう)を試(こころ)みます。저공비행을 시도합니다.

然

그럴 연

부수 灬 획수 12획
참고 소4 然

然然然然然然然然然然然然

훈	しかり	然(しか)り 그렇다, 맞다
음	ぜん/ねん	自然(しぜん) 자연 呆然(ぼうぜん) 망연함 天然(てんねん) 천연 寂然(じゃくねん) 적연 黙然(もくねん) 묵연

- 然(しか)りといえども道(みち)なお通(とお)し。그렇다 하더라도 길은 아직 멀다.
- 自然(しぜん)の摂理(せつり)に従(したが)う。자연의 섭리에 따른다.

15_자연2

이 단원에서 배울 한자

空 빌 공
貝 조개 패
魚 물고기 어
太 클 태
光 빛 광
星 별 성
汽 물 끓는 김 기
船 배 선
深 깊을 심
岸 언덕 안
港 항구 항
笛 피리 적
島 섬 도
波 물결 파
陽 볕 양

⊙海(10단원)

ほし
星が光る
별이 빛나다
みなと
港 항구
なみ
波 파도
かいがん
海岸 해안
かい
貝 조개
さかな
魚 물고기

空

빌 공

부수 穴 획수 8획

소1 4급 空

空空空空空空空空

훈 そら/あく/あける/から — 空(そら) 하늘 夜空(よぞら) 밤하늘 空(あ)く 비다 空(あ)ける 비우다 空(から) 빔

음 くう — 空気(くうき) 공기 空中(くうちゅう) 공중 上空(じょうくう) 상공

알아두기

空(す)く

空은 空(す)く, 즉 '속이 비다, 공간이 생기다'라는 뜻을 가진 동사로 쓰이기도 한다.

- 手(て)が空(す)く。 짬이 나다.
- お腹(なか)が空(す)く。 배가 고프다.
- バスが空(す)いている。 버스가 비어 있다.
- 胸(むね)が空(す)く。 가슴이 후련해지다.

- 今週(こんしゅう)の土曜日(どようび)は空(あ)けてください。 이번 주 토요일은 (시간을) 비워 두세요.
- 新鮮(しんせん)な空気(くうき)を吸(す)います。 신선한 공기를 마십니다.

貝

조개 패

부수 貝 획수 7획

소1 貝

貝貝貝貝貝貝貝

훈 かい — 貝(かい) 조개 貝殻(かいがら) 조개껍데기 貝柱(かいばしら) 조개관자

음 –

비교

貝 (조개 패)
目 (눈 목)
見 (볼 견)

- 海辺(うみべ)で貝殻(かいがら)を拾(ひろ)う。 바닷가에서 조개 껍데기를 줍는다.
- 貝柱(かいばしら)をバター焼(や)きにして食(た)べました。
조개관자를 버터구이로 먹었습니다.

魚

물고기 어

부수 魚 획수 11획

소2 4급 魚

魚魚魚魚魚魚魚魚魚魚魚

훈 うお/さかな — 魚(さかな/うお) 물고기 魚釣(うおつり) 낚시질 魚屋(さかなや) 생선가게

음 ぎょ — 魚類(ぎょるい) 어류 金魚(きんぎょ) 금붕어 淡水魚(たんすいぎょ) 담수어

★현재는 훈독으로 읽을 때 さかな라고 읽는 것이 일반적이다. 원래는 날 것을 うお, 요리한 것을 さかな라고 했다.

- 兄(あに)は魚屋(さかなや)で働(はたら)きます。 형은 생선 가게에서 일합니다.
- 父(ちち)は魚類(ぎょるい)を研究(けんきゅう)しています。 아빠는 어류를 연구하고 있습니다.

太

큰 태

부수 大 획수 4획

소2 3급 太

太 太 太 太

훈 ふとい/ふとる　太(ふと)い 굵다 太(ふと)る 살찌다 太字(ふとじ) 굵은 글씨 骨太(ほねぶと) 뼈대가 굵음

음 たい/た　太古(たいこ) 태고 太平(たいへい) 태평 太陽(たいよう) 태양 丸太(まるた) 통나무

비교
太 (클 태)
大 (큰 대)

- だんだん太(ふと)るので心配(しんぱい)です。점점 살이 쪄서 걱정입니다.
- 彼女(かのじょ)は私(わたし)の心(こころ)の太陽(たいよう)です。그녀는 나의 마음의 태양입니다.

光

빛 광

부수 儿 획수 6획

소2 3급 光

光 光 光 光 光 光

훈 ひかる/ひかり　光(ひか)る 빛나다 光(ひかり) 빛

음 こう　観光(かんこう) 관광 光年(こうねん) 광년 光線(こうせん) 광선 風光(ふうこう) 풍광, 아름다운 경치

★光(ひか)りが 아니라 光(ひかり)임에 주의하자.

- 夜空(よぞら)に星(ほし)が光(ひか)ります。밤 하늘에 별이 빛납니다.
- 名古屋(なごや)は観光地(かんこうち)で有名(ゆうめい)です。나고야는 관광지로 유명합니다.

星

별 성

부수 日 획수 9획

소2 星

星 星 星 星 星 星 星 星 星

훈 ほし　星(ほし) 별 星空(ほしぞら) 별이 총총한 밤하늘

음 せい/しょう　星座(せいざ) 별자리 惑星(わくせい) 혹성 人工衛星(じんこうえいせい) 인공위성 明星(みょうじょう) 금성, 샛별

- 星空(ほしぞら)を見(み)て宇宙(うちゅう)の大(おお)きさを考(かんが)える。
별이 총총한 밤하늘을 보고 우주의 크기를 생각한다.
- 人工衛星(じんこうえいせい)を打(う)ち上(あ)げる。인공위성을 쏘아 올린다.

汽

물 끓는 김 기

부수 氵 획수 7획

소2 汽

汽 汽 汽 汽 汽 汽 汽

훈 –

음 き　汽車(きしゃ) 기차 汽船(きせん) 기선 汽笛(きてき) 기적

비교
汽 (물 끓는 김 기)
気 (기운 기)

- 汽車(きしゃ)がまもなく到着(とうちゃく)する。기차가 곧 도착한다.
- 汽船(きせん)が汽笛(きてき)を鳴(な)らしながら出発(しゅっぱつ)する。기선이 기적을 울리며 출발한다.

船

배 선

부수 舟 획수 11획
소2 船

船 船 船 船 船 船 船 船 船 船 船

훈 ふね/ふな — 船(ふね) 배　船出(ふなで) 출범　船乗(ふなの)り 뱃사람　船便(ふなびん) 선편

음 せん — 船長(せんちょう) 선장　船員(せんいん) 선원　漁船(ぎょせん) 어선　風船(ふうせん) 풍선

- 父(ちち)は船乗(ふなの)りです。아버지는 뱃사람입니다.
- 船員(せんいん)たちが甲板(かんぱん)で手(て)を振(ふ)っている。선원들이 갑판에서 손을 흔들고 있다.

深

깊을 심

부수 氵 획수 11획
소3 深

深 深 深 深 深 深 深 深 深 深 深

훈 ふかい/ふかまる/ふかめる — 深(ふか)い 깊다　深(ふか)まる (정이) 깊어지다　深(ふか)める 깊게 하다

음 しん — 深海(しんかい) 심해　深夜(しんや) 심야　深呼吸(しんこきゅう) 심호흡　深刻(しんこく) 심각　水深(すいしん) 수심

- 夫婦(ふうふ)の愛情(あいじょう)が深(ふか)まる。부부의 애정이 깊어진다.
- 深(ふか)く深呼吸(しんこきゅう)をする。깊게 심호흡을 한다.

岸

언덕 안

부수 山 획수 8획
소3 岸

岸 岸 岸 岸 岸 岸 岸 岸

훈 きし — 岸(きし) 물가, 벼랑　岸辺(きしべ) 물가, 강변　川岸(かわぎし) 강변

음 がん — 岸壁(がんぺき) 안벽, 물가의 벼랑　海岸(かいがん) 해안　対岸(たいがん) 대안, 건너편 기슭

- 今夜(こんや)、友達(ともだち)と川岸(かわぎし)を散歩(さんぽ)することにした。
  오늘 밤, 친구와 강변을 산책하기로 했다.
- きれいな海岸線(かいがんせん)に沿(そ)って歩(ある)く。아름다운 해안선을 따라 걷는다.

港

항구 항

부수 氵 획수 12획
소3 港

港 港 港 港 港 港 港 港 港 港 港 港

훈 みなと — 港(みなと) 항구　港町(みなとまち) 항구도시

음 こう — 空港(くうこう) 공항　出港(しゅっこう) 출항　入港(にゅうこう) 입항

- 幼(おさな)いときは港町(みなとまち)で育(そだ)った。어렸을 때는 항구도시에서 자랐다.
- このフェリーは午前十時(ごぜんじゅうじ)に出港(しゅっこう)する。이 페리는 오전 10시에 출항한다.

笛

피리 **적**

부수 竹 획수 11획
소3 笛

笛笛笛笛笛笛笛笛笛笛笛

훈 ふえ — 笛(ふえ) 피리 口笛(くちぶえ) 휘파람
음 てき — 汽笛(きてき) 기적 警笛(けいてき) 경적

- 兄(あに)は口笛(くちぶえ)が上手(じょうず)だ。 형은(오빠는) 휘파람을 잘 분다.
- 船(ふね)の汽笛(きてき)が聞(き)こえる。 배 기적 소리가 들린다.

島

섬 **도**

부수 山 획수 10획
소3 島

島島島島島島島島島島

훈 しま — 島(しま) 섬 島国(しまぐに) 섬나라 島島(しまじま) 많은 섬 小島(こじま) 작은 섬
음 とう — 島民(とうみん) 섬의 주민 半島(はんとう) 반도 列島(れっとう) 열도 無人島(むじんとう) 무인도

비교
島 (섬 도)
鳥 (새 조)

- イギリスは島国(しまぐに)である。 영국은 섬나라이다.
- 島民(とうみん)はほとんどフィリピン人(じん)だ。 섬 주민은 거의 필리핀 사람이다.

波

물결 **파**

부수 氵 획수 8획
소3 波

波波波波波波波波

훈 なみ — 波(なみ) 파도, 기복 大波(おおなみ) 큰 파도 波乗(なみの)り 파도타기
음 は — 波長(はちょう) 파장 波動(はどう) 파동 電波(でんぱ) 전파 音波(おんぱ) 음파 寒波(かんぱ) 한파

- 夏(なつ)のスポーツでは波乗(なみの)りが好(す)きです。
  여름 스포츠로는 파도타기를 좋아합니다.
- 明日(あした)から寒波(かんぱ)が始(はじ)まるそうだ。 내일부터 한파가 시작된다고 한다.

陽

볕 **양**

부수 阝 획수 12획
소3 陽

陽陽陽陽陽陽陽陽陽陽陽陽

훈 –
음 よう — 陽気(ようき) 양기, 명랑함 陽性(ようせい) 양성 陽暦(ようれき) 양력 陰陽(いんよう) 음양

- あの子(こ)はいつも陽気(ようき)だ。 저 아이는 언제나 명랑하다.
- 陽光(ようこう)に照(て)り映(は)える木(こ)の葉(は)。 햇빛에 빛나는 나뭇잎.

16_날씨, 계절

이 단원에서 배울 한자

天 하늘 천
雨 비 우
春 봄 춘
夏 여름 하
秋 가을 추
冬 겨울 동
風 바람 풍
雲 구름 운
雪 눈 설
晴 갤 청
度 법도 도, 헤아릴 탁
暑 더울 서
寒 찰 한
温 따뜻할 온
落 떨어질 락
葉 잎 엽

⊙気(1단원) ⊙計(7단원)

雲(くも) 구름
夏(なつ) 여름
雨(あめ) 비
暑(あつ)い 덥다
温度計(おんどけい) 온도계
雪(ゆき) 눈
에취~
寒(さむ)い 춥다
冬(ふゆ) 겨울

天

하늘 천

부수 大 획수 4획
소1 4급 天

天天天天

훈 あめ/あま　天(あめ) 하늘　天(あま)の川(がわ) 은하수

음 てん　天気(てんき) 날씨　天国(てんごく) 천국
天皇(てんのう) 천황

비교
天 (하늘 천)
夫 (지아비 부)

- 昔(むかし)は天(あま)の川(がわ)もよく見(み)えたのに……。 옛날에는 은하수도 잘 보였는데…….
- 天気予報(てんきよほう)をお伝(つた)えします。 일기예보를 전해 드리겠습니다.

雨

비 우

부수 雨 획수 8획
소1 4급 雨

雨雨雨雨雨雨雨雨

훈 あめ/あま　雨(あめ) 비　雨風(あめかぜ) 비바람
雨水(あまみず) 빗물　雨宿(あまやど)り 비를 피함

음 う　雨天(うてん) 우천　雨期(うき) 우기
梅雨(ばいう) 장마　風雨(ふうう) 바람과 비

★梅雨(つゆ) : 장마
小雨(こさめ) : 가랑비

- 軒下(のきした)で雨宿(あまやど)りします。 처마 밑에서 비를 피합니다.
- 梅雨(つゆ)が明(あ)けました。 장마가 끝났습니다.

春

봄 춘

부수 日 획수 9획
소2 3급 春

春春春春春春春春春

훈 はる　春(はる) 봄　春休(はるやす)み 봄방학
春着(はるぎ) 봄옷　春雨(はるさめ) 봄비

음 しゅん　春分(しゅんぶん) 춘분　早春(そうしゅん) 초봄
晩春(ばんしゅん) 늦봄

- 春着(はるぎ)を買(か)いに行(い)きます。 봄옷을 사러 갑니다.
- 今年(ことし)は三月二十一日(さんがつにじゅういちにち)が春分(しゅんぶん)です。 올해는 3월 21일이 춘분입니다.

夏

여름 하

부수 夊 획수 10획
소2 3급 夏

夏夏夏夏夏夏夏夏夏夏

훈 なつ　夏(なつ) 여름　夏休(なつやす)み 여름방학 (휴가)

음 か/げ　夏期(かき) 하기　夏季(かき) 여름철
初夏(しょか) 초여름　夏至(げし) 하지

- 夏休(なつやす)みの時(とき)はいつも田舎(いなか)に行(い)きます。 여름방학 때는 언제나 시골에 갑니다.
- 今度(こんど)は夏季学校(かきがっこう)が開設(かいせつ)されます。 이번에는 하기학교(섬머스쿨)가 개설됩니다.

秋

가을 추

부수 禾 획수 9획
소2 3급 秋

秋秋秋秋秋秋秋秋秋

훈 あき　秋(あき) 가을　秋風(あきかぜ) 추풍, 가을 바람
음 しゅう　秋分(しゅうぶん) 추분　秋季(しゅうき) 추계
春夏秋冬(しゅんかしゅうとう) 춘하추동

- 秋(あき)が一番(いちばん)好(す)きです。 가을을 가장 좋아합니다.
- 十月(じゅうがつ)に秋季(しゅうき)運動会(うんどうかい)があります。 10월에 추계운동회가 있습니다.

冬

겨울 동

부수 冫 획수 5획
소2 3급 冬

冬冬冬冬冬

훈 ふゆ　冬(ふゆ)겨울　冬休(ふゆやす)み 겨울 방학, 겨울 휴가
冬空(ふゆぞら) 겨울 하늘
음 とう　冬季(とうき) 동계　立冬(りっとう) 입동

- 今年(ことし)の冬(ふゆ)は去年(きょねん)より寒(さむ)いそうです。 올 겨울은 작년보다 춥다고 합니다.
- 今年(ことし)、冬季(とうき)オリンピックが開(ひら)きます。 올해 동계 올림픽이 열립니다.

風

바람 풍

부수 風 획수 9획
소2 3급 風

風風風風風風風風風

훈 かぜ/かざ　風(かぜ) 바람　風下(かざしも) 바람이 불어 가는 쪽
음 ふう/ふ　風景(ふうけい) 풍경　風雨(ふうう) 바람과 비
お風呂(ふろ) 목욕(탕)　風呂場(ふろば) 목욕탕

★風邪(かぜ) : 감기

- 風(かぜ)が強(つよ)いので家(うち)に帰(かえ)ります。 바람이 강해서 집에 돌아갑니다.
- 窓(まど)から山(やま)の風景(ふうけい)が見(み)えます。 창문으로 산의 풍경이 보입니다.

雲

구름 운

부수 雨 획수 12획
소2 雲

雲雲雲雲雲雲雲雲雲雲雲雲

훈 くも　雲(くも) 구름　雲間(くもま) 구름사이　雨雲(あまぐも) 비구름　浮(う)き雲(ぐも) 뜬 구름
음 うん　雲海(うんかい) 운해　暗雲(あんうん) 먹구름

- 雨雲(あまぐも)で空(そら)が暗(くら)くなった。 비구름으로 하늘이 어두워졌다.
- 雲海(うんかい)を見下(みお)ろして飛(と)ぶ飛行機(ひこうき)。 운해를 내려다보며 나는 비행기.

雪

눈 설

부수 雨 획수 11획

소2 雪

雪 雪 雪 雪 雪 雪 雪 雪 雪 雪 雪

훈 ゆき　雪(ゆき) 눈　雪国(ゆきぐに) 눈 고장　雪空(ゆきぞら) 눈 내릴 듯한 하늘　大雪(おおゆき) 대설

음 せつ　雪原(せつげん) 설원　除雪(じょせつ) 제설　積雪(せきせつ) 적설　風雪(ふうせつ) 풍설, 바람과 눈　新雪(しんせつ) 신설, 갓 내린

비교
雪 (눈 설)
雲 (구름 운)

- 大雪(おおゆき)が降(ふ)って、交通(こうつう)が込(こ)んいる。 대설이 내려 교통이 붐빈다.
- 雪(ゆき)が降(ふ)ったので皆(みんな)で除雪(じょせつ)した。 눈이 내렸기 때문에 모두 제설(작업)을 했다.

晴

갤 청

부수 日 획수 12획

소2 晴

晴 晴 晴 晴 晴 晴 晴 晴 晴 晴 晴 晴

훈 はれる/はらす　晴(は)れる 개다, (마음이) 밝아지다　晴(は)らす 개게 하다, (마음을) 풀다　晴(は)れ 맑음　秋晴(あきば)れ 맑게 갠 가을 날씨　晴(は)れ着(ぎ) 나들이 옷

음 せい　晴天(せいてん) 맑은 하늘　快晴(かいせい) 쾌청

비교
晴 (갤 청)
青 (푸를 청)
清 (맑을 청)

- お正月(しょうがつ)の晴(は)れ着(ぎ)を買(か)う。 설빔을 사다
- 昨日(きのう)は今日(きょう)より快晴(かいせい)だった。 어제는 오늘보다 쾌청했다.

度

법도 도, 헤아릴 탁

부수 广 획수 9획

소3 3급 度

度 度 度 度 度 度 度 度 度

훈 たび　度(たび) 어떤 일이 있는 때　度々(たびたび) 자주

음 ど/と　一度(いちど) 한 번　角度(かくど) 각도　速度(そくど) 속도　法度(はっと) 법도

★支度(したく) : 준비, 채비

- 子供(こども)に度々(たびたび)注意(ちゅうい)させます。 아이에게 자주 주의시킵니다.
- ヨーロッパは一度(いちど)も行(い)ったことがありません。 유럽은 한번도 간 적이 없습니다.

暑

더울 서

부수 日 획수 12획

소3 3급 暑

暑 暑 暑 暑 暑 暑 暑 暑 暑 暑 暑 暑

훈 あつい　暑(あつ)い 덥다　暑(あつ)がり屋(や) 더위를 몹시 타는 사람　暑(あつ)さ 더위

음 しょ　残暑(ざんしょ) 늦더위　大暑(たいしょ) 대서, 혹서　寒暑(かんしょ) 한서

- 今年(ことし)は去年(きょねん)より暑(あつ)くないです。 올 해는 작년보다 덥지 않습니다.
- 厳(きび)しい暑(あつ)さのことを大暑(たいしょ)と言(い)います。 혹독한 더위를 대서라고 합니다.

寒 寒 寒 寒 寒 寒 寒 寒 寒 寒 寒 寒

寒

찰 한

부수 宀 획수 12획

소3 3급 寒

훈 さむい — 寒(さむ)い 춥다 寒気(さむけ) 추위, 한기, 오한

음 かん — 寒暑(かんしょ) 추위와 더위 寒村(かんそん) 한촌, 초라하고 쓸쓸한 마을 寒風(かんぷう) 한풍, 찬바람

- 風邪(かぜ)で寒気(さむけ)がします。 감기로 오한이 납니다.
- おじいさんとおばあさんは寒村(かんそん)で暮(くら)しています。 할아버지와 할머니는 한촌에서 살고 있습니다.

温 温 温 温 温 温 温 温 温 温 温 温

温

따뜻할 온

부수 氵 획수 12획

소3 溫

훈 あたたかい/あたたまる/あたためる — 温(あたた)かい 따뜻하다, 훈훈하다 温(あたた)まる 따뜻해지다 温(あたた)める 따뜻하게 하다

음 おん — 温泉(おんせん) 온천 温和(おんわ) 온화

★温(ぬる)い : 미지근하다

- 体(からだ)がだんだん温(あたた)かくなる。 몸이 점점 따뜻해진다.
- 温和(おんわ)な天気(てんき)が続(つづ)いている。 온화한 날씨가 계속되고 있다.

落 落 落 落 落 落 落 落 落 落 落 落

落

떨어질 락

부수 艹 획수 12획

소3 落

훈 おとす/おちる — 落(お)とす 떨어뜨리다, 빠뜨리다, 잃어버리다 落(お)ちる 떨어지다, 빠지다

음 らく — 落第(らくだい) 낙제 落石(らくせき) 낙석 落選(らくせん) 낙선

★落(お)ち込(こ)む : 빠지다
落(お)ち着(つ)く : 안정되다
落(お)ち葉(ば) : 낙엽
落(おと)し物(もの) : 분실물

- テニス全国大会(ぜんこくたいかい)の予選(よせん)に落(お)ちる。 테니스 전국대회의 예선에서 떨어지다.
- 落石(らくせき)に注意(ちゅうい)すること。 낙석에 주의할 것.

葉 葉 葉 葉 葉 葉 葉 葉 葉 葉 葉 葉

葉

잎 엽

부수 艹 획수 12획

소3 葉

훈 は — 葉(は) 잎 葉書(はがき) 엽서 言葉(ことば) 말, 단어, 말씨 若葉(わかば) 새 잎

음 よう — 紅葉(こうよう) 단풍 落葉(らくよう) 낙엽 針葉樹(しんようじゅ) 침엽수

★단풍이라는 뜻의 紅葉(こうよう)는 もみじ라고도 읽는다.

- 友達(ともだち)から絵葉書(えはがき)を三枚(さんまい)もらった。 친구에게서 그림엽서를 세 장 받았다.
- 秋(あき)になると紅葉(こうよう)がきれいだ。 가을이 되면 단풍이 아름답다.

17_위치, 방향, 크기

이 단원에서 배울 한자

上 윗 상
下 아래 하
中 가운데 중
左 왼 좌
右 오른쪽 우
大 큰 대
小 작을 소
西 서녘 서
南 남녘 남
外 바깥 외
間 사이 간
內 안 내
横 가로 횡
向 향할 향
央 가운데 앙

⊙方(1단원)
⊙北(10단원)
⊙東(10단원)
⊙見(13단원)

ちゅう おう
中央
중앙

あいだ
間
사이

みぎ
右 오른쪽

ひだり
左 왼쪽

きた
北 북

ほう こう
方向 방향

にし
西 서

ひがし
東 동

みなみ
南 남

おお
大きい
크다

ちい
小さい
작다

上

웃 **상**

부수 一 획수 3획
소1 4급 上

上 上 上

훈 うえ/あがる/あげる/のぼる
上(うえ) 위 上(あ)がる (성적, 지위 등이) 오르다
上(あ)げる 올리다
上(のぼ)る (낮은 곳에서 높은 곳으로) 오르다

음 じょう
上達(じょうたつ) 숙달 上手(じょうず) 능숙함
上品(じょうひん) 상품

★上着(うわぎ) 상의
上手(うま)い 잘하다

알아두기
上(あ)げる
上(あ)げる는 다른 동사에 붙어서 겸양, 존경의 뜻을 나타내는 동사를 만들기도 한다.

- 差(さ)し上(あ)げる : 드리다 (あげる의 겸양어)
- 申(もう)し上(あ)げる : 말씀드리다 (言(い)う의 겸양어)
- 召(め)し上(あ)がる : 드시다, 잡수다('먹다, 마시다'의 존경어)

• 物価(ぶっか)がだんだん上(あ)がります。 물가가 점점 오릅니다.
• 日本語(にほんご)が上達(じょうたつ)しました。 일본어가 숙달되었습니다.

下

아래 **하**

부수 一 획수 3획
소1 4급 下

下 下 下

훈 した/さがる/さげる
下(した) 아래 下着(したぎ) 속옷 靴下(くつした) 양말
下(さ)がる (열, 기온 등이) 내려가다, (성적, 지위 등이) 떨어지다
下(さ)げる (위치 등을) 낮추다, (지위, 온도 등을) 떨어뜨리다

음 か/げ
地下(ちか) 지하 下等(かとう) 품질이 떨어짐 上下(じょうげ) 상하 下車(げしゃ) 하차

★下(お)りる : (위에서 아래로) 내려가다, (탈 것에서) 내리다
下(お)ろす : 내리다
下(くだ)る : 내려가다
下(くだ)す : 내리다
下(くだ)さる : 주시다
下(もと) : 밑

• 薬(くすり)を飲(の)んで熱(ねつ)が下(さ)がりました。 약을 먹어서 열이 내렸습니다.
• 次(つぎ)の駅(えき)で下車(げしゃ)します。 다음 역에서 하차합니다.

中

가운데 **중**

부수 丨 획수 4획
소1 4급 中

中 中 中 中

훈 なか
中(なか) 안 (공간) 中指(なかゆび) 가운데 손가락
お中(なか) 배 中々(なかなか) 상당히, 꽤

음 ちゅう/じゅう
中学生(ちゅうがくせい) 중학생 中国(ちゅうごく) 중국 一日中(いちにちじゅう) 하루종일

★그 범위 안에 있는 상태일 때, 또는 '~중' 이라고 해석될 때는 [ちゅう]로 읽는다. 모든 시간이나 공간의 범위일 경우엔 [じゅう]로 읽는다.

• 今日(きょう)のテストは中々難(なかなかむずか)しいですね。 오늘 테스트는 꽤 어렵네요.
• 授業中(じゅぎょうちゅう)は静(しず)かにしてください。 수업 중에는 조용히 해 주세요.

左

왼 좌

부수 工 획수 5획

소1 4급 左

左左左左左

훈	ひだり	左(ひだり) 왼쪽 左足(ひだりあし) 왼발 左側(ひだりがわ) 좌측, 왼쪽
음	さ	左折(させつ) 좌회전 左右(さゆう) 좌우

- 左足(ひだりあし)をけがしました。왼발을 다쳤습니다.
- あの角(かど)を左折(させつ)してください。저 모퉁이를 좌회전해 주세요.

右

오른쪽 우

부수 口 획수 5획

소1 4급 右

右右右右右

훈	みぎ	右(みぎ) 오른쪽 右手(みぎて) 오른손 右側(みぎがわ) 우측
음	う/ゆう	右折(うせつ) 우회전 左右(さゆう) 좌우 座右(ざゆう)の銘(めい) 좌우명

- 見(み)えない人(ひと)は右手(みぎて)をあげてください。
  보이지 않는 사람은 오른손을 들어 주세요.
- 右折(うせつ)しないで真(ま)っ直(す)ぐ行(い)ってください。우회전하지 말고 곧장 가 주세요.

大

큰 대

부수 大 획수 3획

소1 4급 大

大大大

훈	おお/おおきい /おおいに	大型(おおがた) 대형 大勢(おおぜい) 많이 大(おお)きい 크다 大(おお)いに 매우
음	だい/たい	大好(だいす)き 매우 좋아함 大丈夫(だいじょうぶ) 괜찮음 大切(たいせつ) 소중함 大変(たいへん) 몹시, 매우 (부사) 絶大(ぜつだい) 절대, 더없이 큼

- 人(ひと)が大勢(おおぜい)集(あつ)まっています。사람이 많이 모여 있습니다.
- 体(からだ)の具合(ぐあい)は大丈夫(だいじょうぶ)ですか。몸 상태는 괜찮습니까?

小

작을 소

부수 小 획수 3획

소1 4급 小

小小小

훈	ちいさい/こ/お	小(ちい)さい 작다, 어리다 小(ちい)さな 작은 (연체사) 小遣(こづか)い 용돈 小川(おがわ) 작은 강
음	しょう	小説(しょうせつ) 소설 小学校(しょうがっこう) 초등학교 大小(だいしょう) 대소

- 村(むら)に小(ちい)さな川(かわ)があります。마을에 작은 강이 있습니다.
- 毎日(まいにち)、小説(しょうせつ)を読(よ)んでいます。매일 소설을 읽고 있습니다.

西

서녘 서

부수 西 획수 6획

소2 4급 西

西 西 西 西 西 西

훈 にし — 西(にし) 서쪽 西向(にしむ)き 서향 西日本(にしにほん) 서일본

음 せい/さい — 西紀(せいき) 세기 西洋(せいよう) 서양 西海(さいかい) 서쪽바다

- 西向きの窓を開けます。 서향 창문을 엽니다.
- 西紀二千五十年の地球はどうなっているのだろう。 서기 2050년의 지구는 어떻게 되어 있을까?

南

남녘 남

부수 十 획수 9획

소2 4급 南

南 南 南 南 南 南 南 南 南

훈 みなみ — 南(みなみ) 남쪽 南側(みなみがわ) 남쪽 南風(みなみかぜ) 남풍

음 なん/な — 南米(なんべい) 남미 南東(なんとう) 남동 南無阿弥陀仏(なむあみだぶつ) 나무아미타불

- 沖縄は南の方にあります。 오키나와는 남쪽에 있습니다.
- 明日は南東の風が吹きます。 내일은 남동풍이 불겠습니다.

外

바깥 외

부수 夕 획수 5획

소2 4급 外

外 外 外 外 外

훈 そと/ほか/はずす/はずれる — 外(そと) 밖 外(ほか)に (그) 외에 外(はず)す 떼다, 벗다 外(はず)れる 벗어나다, 어긋나다

음 がい/げ — 外国(がいこく) 외국 外出(がいしゅつ) 외출 外科(げか) 외과

- コースから外れました。 코스에서 벗어났습니다.
- 卒業したら外国で暮したいです。 졸업하면 외국에서 살고 싶습니다.

間

사이 간

부수 門 획수 12획

소2 4급 間

間 間 間 間 間 間 間 間 間 間 間 間

훈 あいだ/ま — 間(あいだ) 사이, 동안 間(ま)に合(あ)う 시간에 늦지 않게 대다 間違(まちが)い 실수, 틀림, 잘못

음 かん/けん — 夜間(やかん) 야간 世間(せけん) 세상, 사회 人間(にんげん) 인간

- やっと列車に間に合うことができました。 겨우 열차 시간에 맞출 수 있었습니다.
- 夜間営業は十時までです。 야간 영업은 10시까지입니다.

内
안 **내**

부수 冂 획수 4획
소2 内

内 内 内 内

훈 うち　内(うち) 안, 가운데, 동안　内側(うちがわ) 안쪽　身内(みうち) 온몸, 전신, 가족, 친척

음 ない/だい　内科(ないか) 내과　内緒(ないしょ) 비밀　内部(ないぶ) 내부　内外(ないがい) 내외　社内(しゃない) 사내　車内(しゃない) 차내　境内(けいだい) 경내

- 身内(みうち)だけ集(あつ)まって誕生日(たんじょうび)を祝(いわ)う。 가족만 모여 생일을 축하하다.
- 車内(しゃない)をきれいに掃除(そうじ)します。 차내를 깨끗하게 청소합니다.

横
가로 **횡**

부수 木 획수 15획
소3 横

横 横 横 横 横 横 横 横 横 横 横 横 横 横 横

훈 よこ　横顔(よこがお) 옆얼굴　横道(よこみち) 옆길　横目(よこめ) 곁눈질

음 おう　横断(おうだん) 횡단　縦横(じゅうおう) 종횡

- 両親(りょうしん)の横顔(よこがお)を画用紙(がようし)に書(か)く。 부모님의 옆얼굴을 도화지에 그린다.
- 横断歩道(おうだんほどう)の前(まえ)で立(た)つ。 횡단보도 앞에서 선다.

向
향할 **향**

부수 口 획수 6획
소3 向

向 向 向 向 向 向

훈 むかう/むく/むける/むこう　向(む)かう 향하다, 마주보다　向(む)かい風(かぜ) 맞바람　向(む)く 돌리다, (마음이) 쏠리다　向(む)ける 향하다, (마음을) 기울이다　向(む)こう 건너편, 맞은 편

음 こう　向上(こうじょう) 향상　意向(いこう) 의향　動向(どうこう) 동향　方向(ほうこう) 방향

▲日向(ひなた) : 양지

- 進路(しんろ)を東(ひがし)に向(む)ける。 진로를 동쪽으로 향한다.
- 選手(せんしゅ)たちの実力(じつりょく)が向上(こうじょう)する。 선수들의 실력이 향상된다.

央
가운데 **앙**

부수 大 획수 5획
소3 央

央 央 央 央 央

훈 –

음 おう　中央(ちゅうおう) 중앙　中央線(ちゅうおうせん) 중앙선　中央部(ちゅうおうぶ) 중앙부

- 市(し)の中央(ちゅうおう)に駅(えき)が建(た)てられる。 시 중앙에 역이 세워진다.
- 町(まち)の中央(ちゅうおう)には公園(こうえん)があります。 마을 중앙에는 공원이 있습니다.

18_ 모양

이 단원에서 배울 한자

- 弱 약할 약
- 直 곧을 직
- 線 줄 선
- 形 모양 형
- 丸 둥글 환
- 細 가늘 세
- 短 짧을 단
- 曲 굽을 곡
- 表 겉 표
- 美 아름다울 미
- 面 낯 면

⊙足(4단원)
⊙強(5단원)
⊙光(15단원)

弱い光 약한 빛
強い光 강한 빛
曲線 곡선
지구 접수!!
細い 가늘다
直線 직선
足が短い 다리가 짧다

弱

약할 약

부수 弓 획수 10획

소2 3급 弱

弱 弱 弱 弱 弱 弱 弱 弱 弱 弱

훈 よわい/よわる/よわまる/よわめる　弱(よわ)い 약하다　弱音(よわね) (나)약한 소리
弱(よわ)る 약해지다　弱(よわ)まる 약해지다
弱(よわ)める 약하게 하다

음 じゃく　弱点(じゃくてん) 약점　強弱(きょうじゃく) 강약

- 運動不足(うんどうぶそく)で体(からだ)が弱(よわ)くなります。운동부족으로 몸이 약해집니다.
- 英語(えいご)は強弱(きょうじゃく)アクセントの言語(げんご)です。영어는 강약악센트의 언어입니다.

直

곧을 직

부수 目 획수 8획

소2 直

直 直 直 直 直 直 直 直

훈 ただちに/なおす/なおる　直(ただ)ちに 즉시　直(なお)す 고치다
見直(みなお)す 다시보다　直(なお)る 고쳐지다

음 ちょく/じき　直接(ちょくせつ) 직접　直線(ちょくせん) 직선
直前(ちょくぜん) 직전　直通(ちょくつう) 직통
直面(ちょくめん) 직면　正直(しょうじき) 정직

★真(ま)っ直(す)ぐ: 곧장
直(じか)に: 바로

- 時計(とけい)の故障(こしょう)が直(なお)る。시계 고장이 고쳐진다.
- 先生(せんせい)と直接会(ちょくせつあ)って話(はな)すつもりだ。선생님과 직접 만나서 이야기할 생각이다.

線

줄 선

부수 糸 획수 15획

소2 線

線 線 線 線 線 線 線 線 線 線 線 線 線 線 線

훈 –

음 せん　電線(でんせん) 전선　光線(こうせん) 광선　配線(はいせん) 배선　無線(むせん) 무선　内線(ないせん) 내선　三味線(しゃみせん) 샤미센(일본 고유 악기)

- 電線(でんせん)にすずめが止(と)まっている。전선에 참새가 앉아 있다.
- デパートで無線電話(むせんでんわ)を買(か)う。백화점에서 무선전화기를 산다.

形

모양 형

부수 彡 획수 7획

소2 形

形 形 形 形 形 形 形

훈 かた/かたち　形(かた) 모양, 형상　形見(かたみ) 기념품, 유품
花形(はながた) 꽃 모양　形(かたち) 모양, 꼴, 용모

음 けい/ぎょう　刑事(けいじ) 형사　図形(ずけい) 도형
地形(ちけい) 지형　人形(にんぎょう) 인형

- 髪(かみ)の形(かたち)が崩(くず)れている。머리 모양이 흐트러져 있다.
- この山(やま)の地形(ちけい)は複雑(ふくざつ)だ。이 산의 지형은 복잡하다.

丸

둥글 환

부수 丶 획수 3획

소2 丸

丸 丸 丸

훈 まる/まるい/まるめる	丸(まる) 동그라미, 둥근 것 丸(まる)い 둥글다 丸(まる)ごと 통째로 丸太(まるた) 통나무 丸々(まるまる) 2중 동그라미 丸(まる)める 둥글게 하다, 뭉치다
음 がん	丸薬(がんやく) 알약 弾丸(だんがん) 탄환

비교
丸 (알 환)
九 (아홉 구)

- 紙(かみ)を丸(まる)めてゴミ箱(ばこ)に捨(す)てる。 종이를 뭉쳐서 휴지통에 버린다.
- 弾丸(だんがん)が飛(と)んでくる。 탄환이 날아온다.

細

가늘 세

부수 糸 획수 11획

소2 細

細 細 細 細 細 細 細 細 細 細 細

훈 こまかい/こまやか/ほそい/ほそる	細(こま)かい 잘다, 세세하다 細(こま)やか 자세함 細(ほそ)い 가늘다, 좁다 細(ほそ)る 가늘어지다 細道(ほそみち) 좁은 길
음 さい	細心(さいしん) 세심 細胞(さいぼう) 세포 詳細(しょうさい) 상세 明細(めいさい) 명세

- 細(こま)かい事(こと)まで気(き)を使(つか)う。 세세한 일까지 마음(신경)을 쓴다.
- 見(み)てきた事(こと)を詳細(しょうさい)に話(はな)す。 보고 온 것을 상세하게 말한다.

短

짧을 단

부수 矢 획수 12획

소3 3급 短

短 短 短 短 短 短 短 短 短 短 短 短

훈 みじかい	短(みじか)い 짧다 気短(きみじか) 성급함, 조급함
음 たん	短所(たんしょ) 단점 短気(たんき) 급한 성질 短大(たんだい) 단기대학 短音(たんおん) 단음

★短大(たんだい) : 2년 또는 3년제 대학

★단점을 短点(たんてん)이 아니라 短所(たんしょ)라고 하는 것에 주의하자.

- このことをやるには時間(じかん)が短(みじか)いです。 이 일을 하기에는 시간이 짧습니다.
- 姉(あね)は短大(たんだい)を卒業(そつぎょう)しました。 언니는 단기대학을 졸업했습니다.

曲

굽을 곡

부수 曰 획수 6획

소3 曲

曲 曲 曲 曲 曲 曲

훈 まがる/まげる	曲(ま)がる 구부러지다, 돌다 曲(ま)げる 구부리다, 굽히다
음 きょく	曲線(きょくせん) 곡선 曲目(きょくもく) 곡목 作曲(さっきょく) 작곡 名曲(めいきょく) 명곡 行進曲(こうしんきょく) 행진곡

- 腰(こし)を曲(ま)げて体(からだ)を丸(まる)くする。 허리를 구부려 몸을 둥글게 한다.
- 音楽(おんがく)の時間(じかん)に行進曲(こうしんきょく)を聞(き)く。 음악 시간에 행진곡을 듣는다.

表

겉 표

부수 衣 획수 8획
소3 表

表表表表表表表表

훈 あらわす/あらわれる/おもて — 表(あらわ)す 나타내다 表(あらわ)れる 나타나다
表(おもて) 표면 表門(おもてもん) 정문

음 ひょう — 表現(ひょうげん) 표현 表情(ひょうじょう) 표정
表面(ひょうめん) 표면 図表(ずひょう) 도표
代表(だいひょう) 대표 発表(はっぴょう) 발표

알아두기
表(あらわ)す / 現(あらわ)す

두 가지 모두 '나타내다'라는 뜻을 가진 동사이다. 表(あらわ)す는 마음 속으로 생각하고 있는 것을 밖으로 나타내거나 사물을 상징할 때 사용하며, 現(あらわ)す는 지금까지 보이지 않았던 것이 모습을 보이거나, 갖고 있는 힘을 밖으로 내보이는 경우에 사용한다.

- 彼(かれ)は姿(すがた)を現(あらわ)せた。그는 모습을 드러냈다.
- それを言葉(ことば)に表(あらわ)すのは難(むず)かしい。그것을 말로 표현하기는 어렵다.

- 喜(よろこ)びが顔(かお)に現(あらわ)れる。기쁨이 얼굴에 나타난다.
- 道路(どうろ)の表面(ひょうめん)が凍(こお)って、危(あぶ)ない。도로의 표면이 얼어서 위험하다.

美

아름다울 미

부수 羊 획수 9획
소3 美

美美美美美美美美美

훈 うつくしい — 美(うつく)しい 아름답다

음 び — 美術(びじゅつ) 미술 美人(びじん) 미인
美容(びよう) 미용 美食家(びしょくか) 미식가

- ピアノの音(おと)が美(うつく)しく響(ひび)く。피아노 소리가 아름답게 울린다.
- 私(わたし)の彼女(かのじょ)は美人(びじん)です。내 여자친구는 미인입니다.

面

낯 면

부수 面 획수 9획
소3 面

面面面面面面面面面

훈 おも/おもて/つら — 面(おも)=面(おもて) 얼굴 面(つら) 낯짝

음 めん — 面会(めんかい) 면회 面(めん)する 면하다
面接(めんせつ) 면접 面倒(めんどう) 귀찮음, 돌봄
面目(めんぼく/めんもく) 면목

★面目(まじめ) : 성실함, 진지함
生真面目(きまじめ) : 착실함

- 面会時間(めんかいじかん)は二時(にじ)から四時(よじ)までだ。면회시간은 2시부터 4시까지이다.
- おばあさんに子供(こども)の面倒(めんどう)を見(み)てもらう。할머니가 아이를 돌본다.

일본의 연호 ②

	연호	독음	서력		연호	독음	서력
43	貞元	じょうげん (ていげん)	976~978	69	応徳	おうとく	1084~1087
44	天元	てんげん	978~983	70	寛治	かんじ	1087~1094
45	永観	えいかん (ようかん)	983~985	71	嘉保	かほう	1094~1096
46	寛和	かんな (かんわ)	985~987	72	永長	えいちょう (ようちょう)	1096~1097
47	永延	えいえん (ようえん)	987~989	73	承徳	じょうとく (しょうとく)	1097~1099
48	永祚	えいそ	989~990	74	康和	こうわ	1099~1104
49	正暦	しょうりゃく (じょうりゃく)	990~995	75	長治	ちょうじ	1104~1106
50	長徳	ちょうとく	995~999	76	嘉承	かじょう (かしょう)	1106~1108
51	長保	ちょうほう	999~1004	77	天仁	てんにん	1108~1110
52	寛弘	かんこう	1004~1012	78	天永	てんえい	1110~1113
53	長和	ちょうわ	1012~1017	79	永久	えいきゅう	1113~1118
54	寛仁	かんにん	1017~1021	80	元永	げんえい	1118~1120
55	治安	じあん (ちあん)	1021~1024	81	保安	ほうあん	1120~1124
56	万寿	まんじゅ	1024~1028	82	天治	てんじ	1124~1126
57	長元	ちょうげん	1028~1037	83	大治	だいじ (たいじ)	1126~1131
58	長暦	ちょうりゃく (ちょうれき)	1037~1040	84	天承	てんしょう (てんじょう)	1131~1132
59	長久	ちょうきゅう	1040~1044	85	長承	ちょうしょう (ちょうじょう)	1132~1135
60	寛徳	かんとく	1044~1046	86	保延	ほうえん	1135~1141
61	永承	えいしょう (えいじょう)	1046~1053	87	永治	えいじ	1141~1142
62	天喜	てんぎ (てんき)	1053~1058	88	康治	こうじ	1142~1144
63	康平	こうへい	1058~1065	89	天養	てんよう	1144~1145
64	治暦	じりゃく (ちりゃく)	1065~1069	90	久安	きゅうあん	1145~1151
65	延久	えんきゅう	1069~1074	91	仁平	にんぺい (にんびょう)	1151~1154
66	承保	じょうほう (しょうほう)	1074~1077	92	久寿	きゅうじゅ	1154~1156
67	承暦	じょうりゃく (しょうりゃく)	1077~1081	93	保元	ほうげん	1156~1159
68	永保	えいほう	1081~1084	94	平治	へいじ (びょうじ)	1159~1160

19_감정, 생각

이 단원에서 배울 한자

見 볼 견
心 마음 심
引 끌 인
考 생각할 고
思 생각 사
悪 악할 악, 미워할 오
意 뜻 의
待 기다릴 대
幸 다행 행
福 복 복
期 기약할 기
配 나눌 배
悲 슬플 비
反 돌이킬 반
対 대할 대
不 아닐 불(부)
好 좋을 호

期待(きたい)する
기대하다

心配(しんぱい)する
걱정하다

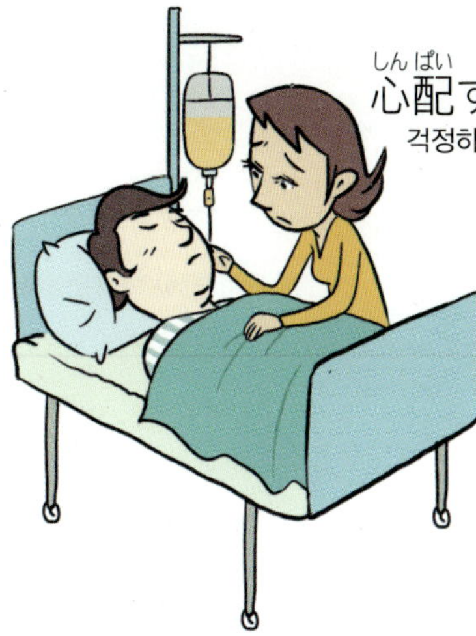

悲(かな)しい 슬프다

悪(わる)い人(ひと)
나쁜 사람

意見(いけん) 의견

反対(はんたい) 반대

見

볼 견

부수 見 획수 7획

소1 4급 見

見見見見見見見

훈	みる/みえる/みせる	見(み)る 보다　見本(みほん) 견본 見(み)える 보이다　見(み)せる (남에게) 보이다
음	けん	見学(けんがく) 견학　見物(けんぶつ) 구경 見当(けんとう) 짐작　会見(かいけん) 회견

• 毎日(まいにち)、ニュースを見(み)ます。매일 뉴스를 봅니다.

• 東京市内(とうきょうしない)を見物(けんぶつ)します。도쿄시내를 구경합니다.

心

마음 심

부수 心 획수 4획

소2 3급 心

心心心心

훈	こころ	心(こころ) 마음, 정성
음	しん	心配(しんぱい) 걱정　心理(しんり) 심리 中心(ちゅうしん) 중심　用心(ようじん) 조심

• 心(こころ)をこめて料理(りょうり)を作(つく)ります。정성을 담아서 요리를 만듭니다.

• 心理学(しんりがく)を勉強(べんきょう)したいです。심리학을 공부하고 싶습니다.

引

끌 인

부수 弓 획수 4획

소2 3급 引

引引引引

훈	ひく/ひける	引(ひ)く 끌다, (감기에) 걸리다　引(ひ)ける 파하다 引(ひ)き分(わ)け 비김　割引(わりびき) 할인
음	いん	引退(いんたい) 은퇴　引火(いんか) 인화 引用(いんよう) 인용

• 風邪(かぜ)を引(ひ)きました。감기에 걸렸습니다.

• 大学(だいがく)の先生(せんせい)がもうすぐ引退(いんたい)します。대학 선생님이 이제 곧 은퇴합니다.

考

생각할 고

부수 耂 획수 6획

소2 3급 考

考考考考考考

훈	かんがえる	考(かんが)える 생각하다　考(かんが)え 생각 考(かんが)え方(かた) 사고방식
음	こう	考古学(こうこがく) 고고학　考案(こうあん) 고안 思考(しこう) 사고　参考(さんこう) 참고

• よく考(かんが)えて決(き)めましょう。잘 생각해서 결정합시다.

• 去年(きょねん)のデータを参考(さんこう)にします。작년 데이터를 참고합니다.

思 思 思 思 思 思 思 思 思

思

생각 사

부수 心 획수 9획

소2 3급 思

훈 おもう — 思(おも)う 생각하다 思(おも)い出(で) 추억 思(おも)い出(だ)す 생각해 내다, 생각나다

음 し — 思考(しこう) 사고 思案(しあん) 사안 思想(しそう) 사상 不思議(ふしぎ) 이상함

알아두기

思(おも)う / 考(かんが)える

두 가지 모두 '생각하다'라는 뜻을 가진 동사이다. 思(おも)う는 감정이나 감각적인 생각 또는 순간적인 판단을 표현할 때 사용하며, 考(かんが)える는 논리적인 생각을 표현할 때 사용한다.

- 将来(しょうらい)は学校(がっこう)の先生(せんせい)になりたいと思(おも)っている。
  장래에는 학교 선생님이 되려고 생각하고 있다. (막연한 희망을 의미)
- 将来(しょうらい)は学校(がっこう)の先生(せんせい)になろうと考(かんが)えている。
  장래에는 학교 선생님이 되려고 생각하고 있다. (구체적인 계획까지 생각하고 있다는 의미)

- 明日(あした)はもっと寒(さむ)いと思(おも)います。 내일은 더 추울 거라고 생각합니다.
- 不思議(ふしぎ)な話(はなし)を聞(き)きました。 이상한 이야기를 들었습니다.

悪 悪 悪 悪 悪 悪 悪 悪 悪 悪 悪

悪

악할 악, 미워할 오

부수 心 획수 11획

소3 3급 惡

훈 わるい — 悪(わる)い 나쁘다 悪口(わるくち) 욕 悪者(わるもの) 나쁜 사람

음 あく/お — 悪意(あくい) 악의 悪運(あくうん) 악운 悪寒(おかん) 오한 嫌悪(けんお) 혐오

- 体(からだ)の具合(ぐあ)いが悪(わる)いです。 몸 상태가 나쁩니다.
- もう悪運(あくうん)はないでしょう。 이제 악운은 없겠지요.

意 意 意 意 意 意 意 意 意 意 意 意 意

意

뜻 의

부수 心 획수 13획

소3 3급 意

훈 –

음 い — 意味(いみ) 의미 意外(いがい) 의외 意見(いけん) 의견 決意(けつい) 결의

- 意外(いがい)な行動(こうどう)で驚(おどろ)きました。 의외의 행동에 놀랐습니다.
- 単語(たんご)の意味(いみ)がわかりません。 단어의 의미를 모르겠습니다.

待

기다릴 **대**

부수 彳 획수 9획

소3 3급 待

待待待待待待待待待

훈 まつ	待(ま)つ 기다리다	待合室(まちあいしつ) 대합실
음 たい	待機(たいき) 대기	期待(きたい) 기대
	招待(しょうたい) 초대	接待(せったい) 접대

비교
待 (기다릴 대)
持 (가질 지)

- 喫茶店(きっさてん)で1時間(じかん)も待(ま)ちました。 다방에서 1시간이나 기다렸습니다.
- 外(そと)でタクシーが待機(たいき)しています。 밖에서 택시가 대기하고 있습니다.

幸

다행 **행**

부수 干 획수 8획

소3 幸

幸幸幸幸幸幸幸幸

훈 さいわい/しあわせ/さち	幸(さいわ)い 행복, 다행히(부사)	
	幸(しあわ)せ 행복, 행운	幸(さち) 행복
음 こう	幸運(こううん) 행운	幸福(こうふく) 행복
	不幸(ふこう) 불행	多幸(たこう) 다행

- 幸(さいわい)に大(おお)きな事故(じこ)ではない。 다행히 큰 사고는 아니다.
- 今(いま)の生活(せいかつ)も幸福(こうふく)だ。 지금의 생활도 행복하다.

福

복 **복**

부수 ネ 획수 13획

소3 福

福福福福福福福福福福福福福

훈 –		
음 ふく	福祉(ふくし) 복지	福利(ふくり) 복리
	幸福(こうふく) 행복	祝福(しゅくふく) 축복
	裕福(ゆうふく) 유복	

- 友達(ともだち)から祝福(しゅくふく)を受(う)ける。 친구들에게 축복을 받는다.
- 家内(かない)の実家(じっか)は裕福(ゆうふく)だ。 아내의 친정집은 유복하다.

期

기약할 **기**

부수 月 획수 12획

소3 期

期期期期期期期期期期期期

훈 –		
음 き/ご	期間(きかん) 기간	期限(きげん) 기한
	期待(きたい) 기대	期末(きまつ) 기말
	画期(かっき) 획기	学期(がっき) 학기

- 一学期(いちがっき)の生活(せいかつ)が終(お)わった。 1학기 생활이 끝났다.
- 定期預金(ていきよきん)の通帳(つうちょう)を作(つく)る。 정기예금 통장을 만든다.

配 配 配 配 配 配 配 配 配 配

配

나눌 **배**

부수 酉 획수 10획
소3 配

훈 くばる	配(くば)る 나누어주다, 배치하다, 배려하다
음 はい	配給(はいきゅう) 배급 配達(はいたつ) 배달 配偶者(はいぐうしゃ) 배우자 気配(けはい) 배려 手配(てはい) 수배 心配(しんぱい) 걱정 分配(ぶんぱい) 분배

- 街(まち)で人(ひと)たちにパンフレットを配(くば)る。거리에서 사람들에게 팜플렛을 나누어준다.
- アメリカから小包(こづつみ)が配達(はいたつ)されてきた。미국에서 소포가 배달되어 왔다.

悲 悲 悲 悲 悲 悲 悲 悲 悲 悲 悲 悲

悲

슬플 **비**

부수 心 획수 12획
소3 悲

훈 かなしい/かなしむ	悲(かな)しい 슬프다 悲(かな)しむ 슬퍼하다
음 ひ	悲観(ひかん) 비관 悲劇(ひげき) 비극 悲鳴(ひめい) 비명 悲報(ひほう) 비보

- 面接試験(めんせつしけん)に落(お)ちて悲(かな)しい。면접시험에 떨어져 슬프다.
- おじいさんが亡(な)くなったという悲報(ひほう)が届(とど)いた。할아버지가 돌아가셨다는 비보가 도착했다.

反 反 反 反

反

돌이킬 **반**

부수 又 획수 4획
소3 反

훈 そらす/そる	反(そ)らす 뒤로 젖히다 反(そ)る 젖혀지다, 휘다
음 はん/ほん/たん	反省(はんせい) 반성 反対(はんたい) 반대 反抗(はんこう) 반항 反射(はんしゃ) 반사 謀反(むほん) 모반 反物(たんもの) 옷감, 피륙

비교
反 (돌이킬 반)
皮 (가죽 피)

- 水(みず)に濡(ぬ)れて本(ほん)の表紙(ひょうし)が反(そ)った。물에 젖어 책 표지가 휘었다.
- 中学生(ちゅうがくせい)の子供(こども)は最近反抗期(さいきんはんこうき)らしい。중학생인 아이는 요즘 반항기인 것 같다.

対 対 対 対 対 対 対

対

대할 **대**

부수 寸 획수 7획
소3 對

훈 –	
음 たい/つい	対応(たいおう) 대응 対決(たいけつ) 대결 対抗(たいこう) 대항 対策(たいさく) 대책 対(たい)する 대하다 対談(たいだん) 대담 対面(たいめん) 대면 対立(たいりつ) 대립 対話(たいわ) 대화 対句(ついく) 대구

- 先生(せんせい)と三年(さんねん)ぶりに対面(たいめん)する。선생님과 3년 만에 대면한다.
- ラジオで相撲選手(すもうせんしゅ)と対談(たいだん)する。라디오에서 씨름선수와 대담한다.

不

아닐 **불(부)**

부수 一 획수 4획
3급 不

不 不 不 不

훈 –

음 ふ/ぶ　　不満(ふまん) 불만　不可能(ふかのう) 불가능
不利(ふり) 불리　不思議(ふしぎ) 이상함
不器用(ぶきよう) 서투름

- 不満(ふまん)は全然(ぜんぜん)ありません。불만은 전혀 없습니다.
- 私(わたし)に不利(ふり)な証言(しょうげん)はしません。저에게 불리한 증언은 하지 않겠습니다.

好

좋을 **호**

부수 女 획수 6획
3급 好

好 好 好 好 好 好

훈 このむ/すく　　好(この)む 좋아하다　好(この)み 좋아함, 기호
好(す)く 좋아하다　好(す)きだ 좋아하다

음 こう　　好意(こうい) 호의　好感(こうかん) 호감
好転(こうてん) 호전

★好(す)く는 현대어에서 주로 수동형 또는 부정 표현으로 사용한다.

- 納豆(なっとう)が好(す)きになりました。낫토가 좋아졌습니다.
- 彼(かれ)に好意(こうい)を持(も)っているようです。그에게 호의를 갖고 있는 것 같습니다.

일본의 연호 ③

	연호	독음	서력		연호	독음	서력
95	永暦	えいりゃく(ようりゃく)	1160~1161	121	寛喜	かんき	1229~1232
96	応保	おうほう	1161~1163	122	貞永	じょうえい(ていえい)	1232~1233
97	長寛	ちょうかん	1163~1165	123	天福	てんぷく(てんふく)	1233~1234
98	永万	えいまん(ようまん)	1165~1166	124	文暦	ぶんりゃく(もんりゃく)	1234~1235
99	仁安	にんあん(にんなん)	1166~1169	125	嘉禎	かてい	1235~1238
100	嘉応	かおう	1169~1171	126	暦仁	りゃくにん(れきにん)	1238~1239
101	承安	じょうあん(しょうあん)	1171~1175	127	延応	えんおう(えんのう)	1239~1240
102	安元	あんげん	1175~1177	128	仁治	にんじ(にんち)	1240~1243
103	治承	じしょう(じじょう)	1177~1181	129	寛元	かんげん	1243~1247
104	養和	ようわ	1181~1182	130	宝治	ほうじ	1247~1249
105	寿永	じゅえい	1182~1184	131	建長	けんちょう	1249~1256
106	元暦	げんりゃく	1184~1185	132	康元	こうげん	1256~1257
107	文治	ぶんじ(もんじ)	1185~1190	133	正嘉	しょうか	1257~1259
108	建久	けんきゅう	1190~1199	134	正元	しょうげん	1259~1260
109	正治	しょうじ	1199~1201	135	文応	ぶんおう	1260~1261
110	建仁	けんにん	1201~1204	136	弘長	こうちょう	1261~1264
111	元久	げんきゅう	1204~1206	137	文永	ぶんえい	1264~1275
112	建永	けんえい	1206~1207	138	建治	けんじ	1275~1278
113	承元	じょうげん(しょうげん)	1207~1211	139	弘安	こうあん	1278~1288
114	建暦	けんりゃく	1211~1213	140	正応	しょうおう	1288~1293
115	建保	けんぽう(けんほう)	1213~1219	141	永仁	えいにん	1293~1299
116	承久	じょうきゅう(しょうきゅう)	1219~1222	142	正安	しょうあん	1299~1302
117	貞応	じょうおう(ていおう)	1222~1224	143	乾元	けんげん	1302~1303
118	元仁	げんにん	1224~1225	144	嘉元	かげん	1303~1306
119	嘉禄	かろく	1225~1227	145	徳治	とくじ	1306~1308
120	安貞	あんてい	1227~1229	146	延慶	えんきょう(えんぎょう)	1308~1311

20_동작1

이 단원에서 배울 한자

立 설 립
言 말씀 언
聞 들을 문
開 열 개
持 가질 지
守 지킬 수
取 가질 취
拾 주울 습, 열 십
助 도울 조
植 심을 식
産 낳을 산
貸 빌릴 대

言(い)う 말하다

聞(き)く 듣다

持(も)つ 들다

取(と)る 집다

拾(ひろ)う 줍다

開(あ)ける 열다

立つ（た） 서다

貸す（か）
빌려주다

守る（まも） 지키다

産む（う） 낳다

助ける（たす）
구하다

植える（う）
심다

立

설 립

부수 立 획수 5획
소1 4급 立

立 立 立 立 立

훈 たつ/たてる
立(た)つ 서다 立(た)てる 세우다
立(た)ち食(ぐ)い 서서 먹음 立場(たちば) 입장

음 りつ/りゅう
立身(りっしん) 입신 立派(りっぱ) 훌륭함
起立(きりつ) 기립 建立(こんりゅう) 건립

- ひざを立(た)てて座(すわ)ります。 무릎을 세우고 앉습니다.
- 立派(りっぱ)な建物(たてもの)ですね。 훌륭한 건물이군요.

言

말씀 언

부수 言 획수 7획
소2 4급 言

言 言 言 言 言 言 言

훈 いう/こと
言(い)う 말하다 言(い)い方(かた) 말씨, 말투
小言(こごと) 잔소리

음 げん/ごん
言語(げんご/ごんご) 언어, 말
言行(げんこう) 언행 発言(はつげん) 발언

- 一人(ひとり)ずつ言(い)ってください。 한 사람씩 말해 주세요.
- 正(ただ)しい言語(げんご)を使(つか)います。 바른 언어를 사용합니다.

聞

들을 문

부수 耳 획수 14획
소2 4급 聞

聞 聞 聞 聞 聞 聞 聞 聞 聞 聞 聞 聞 聞 聞

훈 きく/きこえる
聞(き)く 묻다, 듣다 聞(き)こえる 들리다
聞(き)き手(て) 듣는 사람

음 ぶん/もん
新聞(しんぶん) 신문 見聞(けんぶん) 견문
聴聞会(ちょうもんかい) 청문회

★듣다는 뜻으로 聴(き)く를 쓰는 경우도 있다.

- 警官(けいかん)に道(みち)を聞(き)きます。 경관에게 길을 묻습니다.
- 今朝(けさ)は新聞(しんぶん)を読(よ)みませんでした。 오늘 아침은 신문을 읽지 않았습니다.

開

열 개

부수 門 획수 12획
소3 3급 開

開 開 開 開 開 開 開 開 開 開 開 開

훈 あく/あける/ひらく/ひらける
開(あ)く 열리다, 열다 開(あ)ける 열다
開(ひら)く 열리다, 열다 開(ひら)ける 열리다

음 かい
開店(かいてん) 개점 開業(かいぎょう) 개업
満開(まんかい) 만개

★開(ひら)く는 자동사와 타동사 양쪽 모두 사용할 수 있다.

- 窓(まど)を開(あ)けたまま、寝(ね)ました。 창문을 연 채로 잤습니다.
- あのレストランの開店(かいてん)は十時(じゅうじ)からです。
저 레스토랑의 개점시간은 10시부터입니다.

持
가질 **지**

부수 扌 획수 9획
소3 3급 持

持持持持持持持持持

훈 もつ	持(も)つ 가지다, 들다　持(も)ち主(ぬし) 소유자 気持(きも)ち 기분
음 じ	持参(じさん) 지참　所持(しょじ) 소지 持続(じぞく) 지속　持病(じびょう) 지병

- かばんは私(わたし)が持(も)って行(い)きます。 가방은 제가 들고 가겠습니다.
- お弁当(べんとう)は各自(かくじ)持参(じさん)します。 도시락은 각자 지참합니다.

守
지킬 **수**

부수 宀 획수 6획
소3 守

守守守守守守

훈 まもる/もり	守(まも)る 지키다　子守(こもり) 아이를 봄
음 しゅ/す	守備(しゅび) 수비　死守(ししゅ) 사수 留守番(るすばん) 빈 집을 지킴

- 約束(やくそく)は守(まも)らなければならない。 약속은 지키지 않으면 안 된다.
- 隣(となり)の家(いえ)の人(ひと)に頼(たの)まれて留守番(るすばん)する。 옆집 사람에게 부탁받아 집을 본다.

取
가질 **취**

부수 又 획수 8획
소3 取

取取取取取取取取

훈 とる	取(と)る 잡다, 들다, 취하다　取(と)れる 잡히다, 빠지다 日取(ひど)り 날짜를 잡음　取(と)り消(け)し 취소
음 しゅ	取材(しゅざい) 취재　取得(しゅとく) 취득 採取(さいしゅ) 채집

- 今度(こんど)の旅行(りょこう)は取消(とりけ)しします。 이번 여행은 취소합니다.
- 夏休(なつやす)みに運転免許(うんてんめんきょ)を取得(しゅとく)した。 여름방학 때 운전면허를 취득했다.

拾
주울 **습**, 열 **십**

부수 扌 획수 9획
소3 拾

拾拾拾拾拾拾拾拾拾

훈 ひろう	拾(ひろ)う 줍다, 얻다, (택시를) 잡아타다 拾(ひろ)い物(もの) 습득물
음 しゅう/じゅう	拾得(しゅうとく) 습득　収拾(しゅうしゅう) 수습 拾万円(じゅうまんえん) 10만 엔

★拾万円(じゅうまんえん)은 현대어에서 잘 사용하지 않는다.

- 山(やま)でどんぐりを拾(ひろ)う。 산에서 도토리를 줍는다.
- 道(みち)に落(お)ちている財布(さいふ)を拾得(しゅうとく)しました。
길에 떨어져 있는 지갑을 습득했습니다.

助

도울 조

부수 力 획수 7획
소3 助

助 助 助 助 助 助 助

훈	たすかる/たすける	助(たす)かる 살아나다, 도움이 되다 助(たす)ける 살리다, 돕다
음	じょ	助演(じょえん) 조연 助詞(じょし) 조사 助手(じょしゅ) 조수 助役(じょやく) 조역

★ねぼ助(すけ) : 잠꾸러기

- よく働(はたら)いてくれるので助(たす)かる。일을 잘해 줘서 도움이 된다.
- 山(やま)で道(みち)に迷(まよ)った人(ひと)が救助(きゅうじょ)された。산에서 길을 잃은 사람이 구조되었다.

植

심을 식

부수 木 획수 12획
소3 植

植 植 植 植 植 植 植 植 植 植 植 植

훈	うえる/うわる	植(う)える 심다 植(う)わる 심어지다 植木(うえき) 정원수 田植(たう)え 모내기
음	しょく	植物(しょくぶつ) 식물 植民地(しょくみんち) 식민지 記念植樹(きねんしょくじゅ) 기념식수

- 公園(こうえん)に松(まつ)を植(う)える。공원에 소나무를 심는다.
- 週末(しゅうまつ)に友達(ともだち)と植物園(しょくぶつえん)に行(い)く。주말에 친구와 식물원에 간다.

産

낳을 산

부수 生 획수 11획
3급 産

産 産 産 産 産 産 産 産 産 産 産

훈	うむ/うまれる/うぶ	産(う)む 낳다 産(う)まれる 태어나다 産毛(うぶげ) 배냇머리 産着(うぶぎ) 배내옷
음	さん	産業(さんぎょう) 산업 産物(さんぶつ) 산물 生産(せいさん) 생산

알아두기

産(う)む/ 生(う)む

두 가지 모두 '낳다'는 뜻을 가진 동사이다. 産(う)む는 생물의 출생에만 사용하며, 生(う)む는 출생의 의미 외에도 없는 것을 새롭게 만든다는 의미로 사용한다.

- 姉(あね)は男(おとこ)の子(こ)を産(う)みました。언니(누나)는 남자아이를 낳았습니다.
- 彼(かれ)の努力(どりょく)が成功(せいこう)を生(う)みました。그의 노력이 성공을 낳았습니다.

- 赤(あか)ちゃんが産(う)まれて家族(かぞく)みんな喜(よろこ)んでいます。
  아기가 태어나서 가족 모두 기뻐하고 있습니다.
- のりは海産物(かいさんぶつ)です。김은 해산물입니다.

貸

빌릴 대

부수 貝 획수 12획

3급 貸

貸 貸 貸 貸 貸 貸 貸 貸 貸 貸 貸 貸

훈	かす	貸(か)す 빌려주다 貸(か)し出(だ)す 대출하다 貸家(かしや) 셋집
음	たい	貸与(たいよ) 대여 賃貸(ちんたい) 임대

- 友達(ともだち)が辞書(じしょ)を貸(か)してくれました。친구가 사전을 빌려주었습니다.
- 会社(かいしゃ)でユニホームを貸与(たいよ)します。회사에서 유니폼을 대여합니다.

21_동작2

이 단원에서 배울 한자

切 끊을 절, 온통 체
知 알 지
合 합할 합
当 마땅 당
使 부릴 사
送 보낼 송
集 모을 집
命 목숨 명
整 가지런할 정
調 고를 조
放 놓을 방
消 사라질 소

⊙火(2단원)
⊙手(4단원)
⊙紙(5단원)

コンピューターを使(つか)う
컴퓨터를 쓰다

ニュースを知(し)らせる
뉴스를 전하다

列(れつ)を整(ととの)える
줄을 가지런히 하다

放(はな)す
놓아주다

火(ひ)が消(き)える
꺼지다

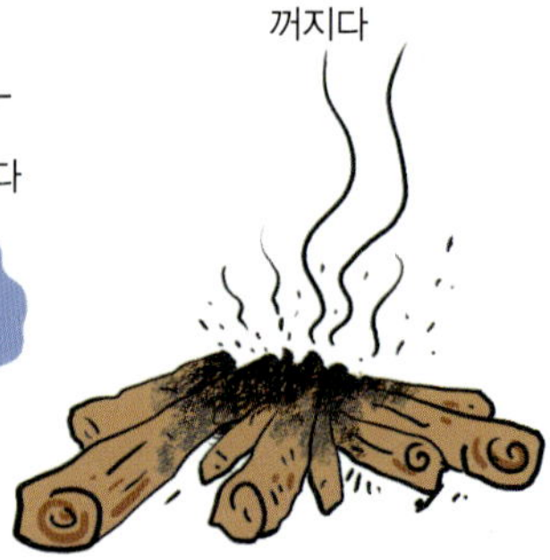

命(めい)じる
명령하다

切(き)る
자르다

当(あ)てる
맞히다

調(しら)べる
조사하다

手紙(てがみ)を送(おく)る 편지를 보내다

集合(しゅうごう)する
집합하다

切

끊을 절, 온통 체

부수 刀 획수 4획
소2 3급 切

切 切 切 切

훈 きる/きれる
切(き)る 끊다, 자르다 切(き)れる 끊어지다
切手(きって) 우표 切符(きっぷ) 표

음 せつ/さい
切実(せつじつ) 절실 大切(たいせつ) 소중함

★一切(いっさい)는 '일체, 모두, 전혀'의 의미로 부정문에 사용한다.

- 電話(でんわ)を切(き)らないで待(ま)ってください。전화를 끊지 말고 기다려 주세요.
- 人間関係(にんげんかんけい)を大切(たいせつ)にします。인간관계를 소중히 합니다.

知

알 지

부수 矢 획수 8획
소2 3급 知

知 知 知 知 知 知 知 知

훈 しる
知(し)る 알다 知(し)り合(あ)い 아는 사이
知(し)らせる 알리다

음 ち
知覚(ちかく) 지각 知識(ちしき) 지식
知能(ちのう) 지능 知恵(ちえ) 지혜

★分(わ)かる는 내용까지 이해한다는 의미이고, 知(し)る는 단순히 안다는 의미로 사용한다.

- 家族(かぞく)に大学(だいがく)の合格(ごうかく)を知(し)らせました。가족에게 대학 합격을 알렸습니다.
- 先生(せんせい)の知恵(ちえ)を借(か)りたいのですが。선생님의 지혜를 빌리고 싶습니다만.

合

합할 합

부수 口 획수 6획
소2 3급 合

合 合 合 合 合 合

훈 あう/あわせる/あわす
合(あ)う 맞다 合(あ)わせる=合(あ)わす 맞추다
試合(しあい) 시합 具合(ぐあい) 상태

음 ごう/がつ/かつ
合計(ごうけい) 합계 合理(ごうり) 합리
合作(がっさく) 합작 合戦(かっせん) 싸움

비교
合 (합할 합)
会 (모일 회)

- 計算(けいさん)がぴったり合(あ)います。계산이 딱 맞습니다.
- この問題(もんだい)は合理的(ごうりてき)に考(かんが)えましょう。이 문제는 합리적으로 생각합시다.

当

마땅 당

부수 小 획수 6획
소2 當

当 当 当 当 当 当

훈 あたる/あてる
当(あ)たる 맞다, 적중하다 当(あ)てる 맞히다
手当(てあ)て 수당 日当(ひあ)たり 볕이 듦

음 とう
当日(とうじつ) 당일 当時(とうじ) 당시
当然(とうぜん) 당연 当人(とうにん) 본인

- 一万円(いちまんえん)の宝(たから)くじが当(あ)たった。1만 엔 복권이 당첨되었다.
- 授業中(じゅぎょうちゅう)に雑談(ざつだん)して先生(せんせい)に叱(しか)られるのは当然(とうぜん)だ。
수업 중에 잡담해서 선생님에게 혼나는 것은 당연하다.

使

부릴 **사**

부수 亻 획수 8획
소3 3급 使

使使使使使使使使

훈	つかう	使(つか)う 사용하다 使(つか)い方(かた) 사용법 使(つか)い捨(す)て 일회용품
음	し	使用(しよう) 사용 使命(しめい) 사명 公使(こうし) 공사 大使(たいし) 대사

- 電話(でんわ)は自由(じゆう)に使(つか)ってください。전화는 자유롭게 사용해 주세요.
- ロッカーの使用料(しようりょう)は四百円(よんひゃくえん)です。로커 사용료는 400엔입니다.

送

보낼 **송**

부수 辶 획수 9획
소3 3급 送

送送送送送送送送送

훈	おくる	送(おく)る 보내다, 데려다주다 見送(みおく)り 배웅
음	そう	送料(そうりょう) (배)송료 放送(ほうそう) 방송 送金(そうきん) 송금 送信(そうしん) 송신 送別(そうべつ) 송별

- 彼女(かのじょ)を家(いえ)まで送(おく)ってあげました。그녀를 집까지 데려다 주었습니다.
- 父(ちち)は放送局(ほうそうきょく)で働(はたら)きます。아빠는 방송국에서 일합니다.

集

모을 **집**

부수 隹 획수 12획
소3 3급 集

集集集集集集集集集集集集

훈	あつまる/あつめる/つどう	集(あつ)まる 모이다 集(あつ)める 모으다 集(あつ)まり 모임 集(つど)い 모임
음	しゅう	集計(しゅうけい) 집계 集団(しゅうだん) 집단 集中(しゅうちゅう) 집중

- 今回(こんかい)のセミナーに百人(ひゃくにん)が集(あつ)まりました。이번 세미나에 백 명이 모였습니다.
- 一人(ひとり)に質問(しつもん)が集中(しゅうちゅう)されます。한 사람에게 질문이 집중됩니다.

命

목숨 **명**

부수 口 획수 8획
소3 命

命命命命命命命命

훈	いのち	命(いのち) 목숨, 생명
음	めい/みょう	命令(めいれい) 명령 運命(うんめい) 운명 使命(しめい) 사명, 천직 人命(じんめい) 인명 生命(せいめい) 생명 寿命(じゅみょう) 수명

- 医学(いがく)の進歩(しんぽ)が命(いのち)を延(の)ばしている。의학의 진보가 생명을 연장시키고 있다.
- 教育(きょういく)の事業(じぎょう)を使命(しめい)とする。교육 사업을 천직으로 삼다.

整

가지런할 정

부수 攵 획수 16획

소3 整

整 整 整 整 整 整 整 整 整 整 整 整 整 整 整 整

훈 ととのう/ととのえる
- 整(ととの)う 정돈되다, 갖춰지다
- 整(ととの)える 정돈하다, 갖추다, 준비하다

음 せい
- 整形(せいけい) 정형 整然(せいぜん) 정연
- 整備(せいび) 정비 整理(せいり) 정리
- 整列(せいれつ) 정렬 調整(ちょうせい) 조정

• 乱(みだ)れた列(れつ)を整(ととの)える。흩어진 줄을 가지런히 한다.

• 机(つくえ)と本棚(ほんだな)を整理(せいり)する。책상과 책장을 정리한다.

調

고를 조

부수 言 획수 15획

소3 調

調 調 調 調 調 調 調 調 調 調 調 調 調 調 調

훈 しらべる/ととのう/ととのえる
- 調(しら)べる 조사하다 下調(したしら)べ 예비조사
- 調(ととの)う 구비되다, 정비되다
- 調(ととの)える 정돈하다, 정비하다

음 ちょう
- 調査(ちょうさ) 조사 調整(ちょうせい) 조정
- 調子(ちょうし) 상태 調節(ちょうせつ) 조절

• 地震(じしん)のため、非常食(ひじょうしょく)を調(ととの)える。지진 때문에 비상식을 준비한다.

• 交通事故(こうつうじこ)の原因(げんいん)を調査(ちょうさ)する。교통사고의 원인을 조사한다.

放

놓을 방

부수 攵 획수 8획

소3 放

放 放 放 放 放 放 放 放

훈 はなす/はなつ/はなれる
- 放(はな)す=放(はな)つ 놓아 주다, 놓다
- 放(はな)れる 놓이다, 풀리다

음 ほう
- 放送(ほうそう) 방송 放置(ほうち) 방치
- 放火(ほうか) 방화 解放(かいほう) 해방

• 取(と)った魚(さかな)を川(かわ)に放(はな)す。잡은 물고기를 강에 놓아준다.

• 冬(ふゆ)は放火(ほうか)にもっと注意(ちゅうい)しなければならない。
겨울에는 방화에 더욱 주의해야 한다.

消

사라질 소

부수 氵 획수 10획

소3 消

消 消 消 消 消 消 消 消 消 消

훈 きえる/けす
- 消(き)える 꺼지다, 사라지다, 지워지다
- 消(け)す 끄다, 없애다, 지우다 消(け)しゴム 지우개

음 しょう
- 消火(しょうか) 소화, 불을 끔 消毒(しょうどく) 소독
- 消極的(しょうきょくてき) 소극적
- 消防車(しょうぼうしゃ) 소방차

• 電気(でんき)を消(け)さないで出(で)かけてしまった。불을 끄지 않고 외출해 버렸다.

• 最初(さいしょ)は消極的(しょうきょくてき)な人(ひと)だった。처음에는 소극적인 사람이었다.

일본의 연호④

	연호	독음	서력		연호	독음	서력
147	応長	おうちょう	1311~1312	173	文中	ぶんちゅう	1372~1375
148	正和	しょうわ	1312~1317	174	天授	てんじゅ	1375~1381
149	文保	ぶんぽう(ぶんほう)	1317~1319	175	永和	えいわ	1375~1379
150	元応	げんおう(げんのう)	1319~1321	176	康暦	こうりゃく	1379~1381
151	元享	げんこう	1321~1324	177	弘和	こうわ	1381~1384
152	正中	しょうちゅう	1324~1326	178	永徳	えいとく	1381~1384
153	嘉暦	かりゃく	1326~1329	179	元中	げんちゅう	1384~1392
154	元徳	げんとく	1329~1331	180	至徳	しとく	1384~1387
155	元徳	げんとく	1329~1332	181	嘉慶	かきょう(かけい)	1387~1389
156	元弘	げんこう	1331~1334	182	康応	こうおう	1389~1390
157	正慶	しょうきょう(しょうけい)	1332~1334	183	明徳	めいとく	1390~1394
158	建武	けんむ(けんぶ)	1334~1336	184	明徳	めいとく	1392~1394
159	建武	けんむ(けんぶ)	1334~1338	185	応永	おうえい	1394~1428
160	延元	えんげん	1336~1340	186	正長	しょうちょう	1428~1429
161	暦応	りゃくおう(れきおう)	1338~1342	187	永享	えいきょう	1429~1441
162	興国	こうこく	1340~1346	188	嘉吉	かきつ(かきち)	1441~1444
163	康永	こうえい	1342~1345	189	文安	ぶんあん	1444~1449
164	貞和	じょうわ(ていわ)	1345~1350	190	宝徳	ほうとく	1449~1452
165	正平	しょうへい	1346~1370	191	享徳	きょうとく	1452~1455
166	観応	かんおう(かんのう)	1350~1352	192	康正	こうしょう	1455~1457
167	文和	ぶんな(ぶんわ)	1352~1356	193	長禄	ちょうろく	1457~1460
168	延文	えんぶん	1356~1361	194	寛正	かんしょう	1460~1466
169	康安	こうあん	1361~1362	195	文正	ぶんしょう(もんしょう)	1466~1467
170	貞治	じょうじ(ていじ)	1362~1368	196	応仁	おうにん	1467~1469
171	応安	おうあん	1368~1375	197	文明	ぶんめい	1469~1487
172	建徳	けんとく	1370~1372	198	長享	ちょうきょう	1487~1489

22_반대의 의미를 갖는 한자

이 단원에서 배울 한자

少 적을 소
多 많을 다
新 새 신
古 예 고
来 올 래
買 살 매
明 밝을 명
遠 멀 원
近 가까울 근
止 그칠 지
売 팔 매
安 편안 안
暗 어두울 암
軽 가벼울 경
重 무거울 중
去 갈 거
始 비로소 시
終 마칠 종
進 나아갈 진
苦 쓸 고
返 돌이킬 반
勝 이길 승
負 질 부
借 빌릴 차

少(すく)ない 적다 ↔ 多(おお)い 많다

遠(とお)い 멀다 ↔ 近(ちか)い 가깝다

軽(かる)い 가볍다 ↔ 重(おも)い 무겁다

去(さ)る 떠나다 ↔ 来(く)る 오다

進(すす)む 나아가다 ↔ 止(と)まる 멈추다

新(あたら)しい 새롭다 ↔ 古(ふる)い 낡았다

暗(くら)い 어둡다 ↔ 明(あか)るい 밝다

苦(くる)しい 괴롭다 ↔ 安(やす)らかだ 편안하다

食(た)べ始(はじ)める 먹기 시작하다 ↔ 食(た)べ終(お)わる 다 먹다

勝(か)つ 이기다 ↔ 負(ま)ける 지다

買(か)う 사다 ↔ 売(う)る 팔다

借(か)りる 빌리다 ↔ 返(かえ)す 돌려주다

少
적을 소

부수 小 획수 4획
소2 4급 少

少 少 少 少

훈 すくない/すこし	少(すく)ない 적다 少(すこ)し 조금	
음 しょう	少年(しょうねん) 소년 少々(しょうしょう) 조금 多少(たしょう) 다소	

비교
少 (적을 소)
小 (작을 소)

- いつも小遣(こづか)いが少(すく)ないです。언제나 용돈이 적습니다.
- 少々(しょうしょう)お待(ま)ちください。잠시만 기다려 주세요.

多
많을 다

부수 夕 획수 6획
소2 4급 多

多 多 多 多 多 多

훈 おおい	多(おお)い 많다
음 た	多分(たぶん) 많음, 아마 多作(たさく) 다작 多才(たさい) 다재, 재주가 많음

- 日曜日(にちようび)なので動物園(どうぶつえん)に人(ひと)が多(おお)かったです。
  일요일이라서 동물원에 사람이 많았습니다.
- 私(わたし)は多少(たしょう)意見(いけん)が違(ちが)います。저는 다소 의견이 다릅니다.

新
새 신

부수 斤 획수 13획
소2 4급 新

新 新 新 新 新 新 新 新 新 新 新 新 新

훈 あたらしい/あらた/にい	新(あたら)しい 새롭다 新(あら)たに 새로이, 새롭게 新潟県(にいがたけん) 니가타현(지명)
음 しん	新年(しんねん) 신년 新聞(しんぶん) 신문 新幹線(しんかんせん) 신칸센

- 来週(らいしゅう)、新(あたら)しい家(いえ)に引(ひ)っ越(こ)します。다음 주에 새 집으로 이사합니다.
- 新幹線(しんかんせん)に乗(の)って東京(とうきょう)へ行(い)きます。신칸센을 타고 도쿄에 갑니다.

古
예 고

부수 口 획수 5획
소2 4급 古

古 古 古 古 古

훈 ふるい/ふるす	古(ふる)い 낡다 古(ふる)す 오래 써서 낡게 하다 古本(ふるほん) 헌책, 고서 古里(ふるさと) 고향
음 こ	古今(ここん) 고금 古代(こだい) 고대 古典(こてん) 고전 中古品(ちゅうこひん) 중고품

- 私(わたし)の古里(ふるさと)は古(ふる)い町(まち)です。제 고향은 오래된 마을입니다.
- 姉(あね)は古典音楽(こてんおんがく)の勉強(べんきょう)をしています。
  언니(누나)는 고전음악 공부를 하고 있습니다.

来

올 래

부수 木 획수 7획

소2 4급 來

来 来 来 来 来 来 来

훈 くる/きたる/きたす — 来(く)る 오다 来(きた)る 오는, 다가오는 来(きた)す 초래하다

음 らい — 来週(らいしゅう) 다음 주 来月(らいげつ) 다음 달 再来月(さらいげつ) 다다음달 来年(らいねん) 내년 未来(みらい) 미래

알아두기

~てくる

来(く)る가 ~てくる의 형태로 보조동사로 쓰일 때는 ひらがな로 쓴다.

- カバンを持(も)ってきた。가방을 가지고 왔다.
- 学校(がっこう)からここまで走(はし)ってきた。학교에서 여기까지 뛰어 왔다.

来(きた)る

연체사로 사용한다.

- 来(きた)る四月(しがつ)にママになります。오는 4월이면 엄마가 됩니다.

• 中国(ちゅうごく)から友達(ともだち)が来(く)ることになっています。

중국에서 친구가 오기로 되어 있습니다.

• 来月(らいげつ)、結婚(けっこん)します。다음 달 결혼합니다.

買

살 매

부수 貝 획수 12획

소2 4급 買

買 買 買 買 買 買 買 買 買 買 買 買

훈 かう — 買(か)う 사다 買(か)い手(て) 사는 사람 買(か)い物(もの) 물건사기, 쇼핑

음 ばい — 買価(ばいか) 사는 값 売買(ばいばい) 매매 不買(ふばい) 불매

• ノートを五冊(ごさつ)買(か)います。노트를 5권 삽니다.

• 売買契約(ばいばいけいやく)をします。매매 계약을 합니다.

明

밝을 명

부수 日 획수 8획

소2 3급 明

明 明 明 明 明 明 明 明

훈 あかり/あかるい/あかるむ/あからむ/あかす — 明(あ)かり 불빛, 등불 明(あか)るい 밝다 明(あ)け方(がた) 새벽 明(あか)るむ 밝아지다 明(あか)らむ 밝아지다 明(あ)かす 밝히다

음 めい/みょう — 明白(めいはく) 명백 明暗(めいあん) 명암 明確(めいかく) 명확 光明(こうみょう) 광명

★明日(あした/あす) : 내일
明後日(あさって) : 모레
明(あき)らか : 분명함
明(あ)ける : 날이 새다
明(あ)く : 열리다
明(あ)くる : 다음의

• 私(わたし)の部屋(へや)は明(あか)るいです。제 방은 밝습니다.

• 明確(めいかく)な返事(へんじ)をください。명확한 대답을 주세요.

遠 遠 遠 遠 遠 遠 遠 遠 遠 遠 遠 遠 遠

遠

멀 원

부수 辶 획수 13획

소2 3급 遠

훈 とおい　遠(とお)い 멀다　遠(とお)く 먼 곳(명사), 멀리(부사)

음 えん/おん　遠足(えんそく) 소풍　遠海(えんかい) 원해
遠慮(えんりょ) 사양함　久遠(くおん) 구원

• 引(ひ)っ越(こ)しして会社(かいしゃ)から遠(とお)くなりました。
이사를 해서 회사에서 멀어졌습니다.

• 明日(あした)雨(あめ)なら遠足(えんそく)は中止(ちゅうし)です。 내일 비가 온다면 소풍은 중지입니다.

近 近 近 近 近 近 近

近

가까울 근

부수 辶 획수 7획

소2 3급 近

훈 ちかい　近(ちか)い 가깝다　近(ちか)く 근처(명사)

음 きん　近所(きんじょ) 근처　近親(きんしん) 가까운 친척
近代(きんだい) 근대　付近(ふきん) 부근

• 駅(えき)の近(ちか)くに大(おお)きなデパートがあります。 역 근처에 큰 백화점이 있습니다.

• お正月(しょうがつ)には近親(きんしん)の人達(ひとたち)が集(あつ)まります。 새해에는 가까운 친척들이 모입니다.

止 止 止 止

止

그칠 지

부수 止 획수 4획

소2 3급 止

훈 とまる/とめる　止(と)まる 멈추다(자)　止(と)める 멈추다, 세우다(타)
通行止(つうこうど)め 통행금지

음 し　止血(しけつ) 지혈　中止(ちゅうし) 중지
休止(きゅうし) 휴지, 중지

★止(や)む : 그치다
止(や)める : 그만두다

• 急(きゅう)に人(ひと)が飛(と)び出(だ)してきて車(くるま)を止(と)めました。
갑자기 사람이 뛰어나와 차를 세웠습니다.

• 十分間運転(じゅっぷんかんうんてん)を休止(きゅうし)します。 10분간 운전을 중지합니다.

売 売 売 売 売 売 売

売

팔 매

부수 士 획수 7획

소2 3급 賣

훈 うる/うれる　売(う)る 팔다　売(う)れる 팔리다
売(う)り上(あ)げ 매상　売(う)り場(ば) 매장

음 ばい　売店(ばいてん) 매점　売買(ばいばい) 매매
発売(はつばい) 발매　販売(はんばい) 판매

• コンピューターは何階(なんがい)で売(う)っていますか。 컴퓨터는 몇 층에서 팝니까?

• 五台(ごだい)の自動販売機(じどうはんばいき)があります。 다섯 대의 자동판매기가 있습니다.

安

편안 안

부수 宀 획수 6획

소3 4급 安

安 安 安 安 安 安

훈 やすい	安(やす)い 싸다 安売(やすう)り 싸게 팖 安値(やすね) 싼 값 安(やす)らか 평온함
음 あん	安易(あんい) 안이, 손쉬움 安心(あんしん) 안심 不安(ふあん) 불안

- 思(おも)ったより安(やす)く買(か)いました。생각보다 싸게 샀습니다.
- これからは安心(あんしん)できます。앞으로는 안심할 수 있습니다.

暗

어두울 암

부수 日 획수 13획

소3 3급 暗

暗 暗 暗 暗 暗 暗 暗 暗 暗 暗 暗 暗 暗

훈 くらい	暗(くら)い 어둡다 暗(くら)み 어둠
음 あん	暗記(あんき) 암기 暗黒(あんこく) 암흑 暗号(あんごう) 암호

- 電気(でんき)が消(き)えて部屋(へや)が暗(くら)いです。전기가 꺼져서 방이 어둡습니다.
- 平仮名(ひらがな)とカタカナを暗記(あんき)しなさい。히라가나와 가타카나를 암기하세요.

軽

가벼울 경

부수 車 획수 12획

소3 3급 輕

軽 軽 軽 軽 軽 軽 軽 軽 軽 軽 軽 軽

훈 かるい/かろやか	軽(かる)い 가볍다 気軽(きがる)い 마음의 부담이 없다 軽(かろ)やか 가뿐함
음 けい	軽快(けいかい) 경쾌 軽率(けいそつ) 경솔 軽音楽(けいおんがく) 경음악

- 気軽(きがる)に遊(あそ)びに来(き)てください。가벼운 마음으로 놀러 와 주세요.
- 最近(さいきん)は軽音楽(けいおんがく)をよく聞(き)いています。요즘은 경음악을 자주 듣고 있습니다.

重

무거울 중

부수 里 획수 9획

소3 3급 重

重 重 重 重 重 重 重 重 重

훈 おもい/かさねる/かさなる	重(おも)い 무겁다 重(かさ)ねる 포개다, 겹치다 重(かさ)なる 포개지다, 겹쳐지다 重荷(おもに) 무거운 짐
음 じゅう	重大(じゅうだい) 중대 重要(じゅうよう) 중요 重点(じゅうてん) 중점 重力(じゅうりょく) 중력

★一重(ひとえ) : 한 겹

★尊重(そんちょう) : 존중

- このかばんは重(おも)くて持(も)てません。이 가방은 무거워서 들 수 없습니다.
- 重要(じゅうよう)な書類(しょるい)ですから保管(ほかん)してください。중요한 서류니까 보관해 주세요.

去

갈 거

부수 厶 획수 5획
소3 3급 去

去 去 去 去 去

훈 さる　去(さ)る 지나가다, 떠나다, 끝나다

음 きょ/こ　去年(きょねん) 작년　除去(じょきょ) 제거
過去(かこ) 과거

- 夏(なつ)が去(さ)って、もうすぐ秋(あき)です。여름이 가고 이제 곧 가을입니다.
- 過去(かこ)の事(こと)はもう考(かんが)えません。과거 일은 이제 생각하지 않습니다.

始

비로소 시

부수 女 획수 8획
소3 3급 始

始 始 始 始 始 始 始 始

훈 はじめる/はじまる　始(はじ)める 시작하다　始(はじ)まる 시작되다

음 し　始点(してん) 시점　始末(しまつ) 자초지종
始業(しぎょう) 시업, 일 또는 수업의 시작

- 十分後(じゅっぷんご)に会議(かいぎ)を始(はじ)めます。10분 후에 회의를 시작합니다.
- 会社(かいしゃ)は9時(じ)に始業(しぎょう)します。회사는 9시에 업무가 시작됩니다.

終

마칠 종

부수 糸 획수 11획
소3 3급 終

終 終 終 終 終 終 終 終 終 終 終

훈 おわる/おえる　終(お)わる 끝나다　終(お)える 끝내다　終(おわ)り 끝

음 しゅう　終点(しゅうてん) 종점　終末(しゅうまつ) 종말
終了(しゅうりょう) 종료

★終(お)わる는 자동사이면서 타동사로도 쓰인다.

- 仕事(しごと)はもう終(お)わりました。일은 이미 끝났습니다.
- 今日(きょう)はこれで業務終了(ぎょうむしゅうりょう)です。오늘은 이것으로 업무종료입니다.

進

나아갈 진

부수 辶 획수 11획
소3 3급 進

進 進 進 進 進 進 進 進 進 進 進

훈 すすむ/すすめる　進(すす)む 나아가다, 진행되다, 진학하다
進(すす)める 진행하다, 진행시키다, 나아가게 하다

음 しん　進化(しんか) 진화　進路(しんろ) 진로
前進(ぜんしん) 전진　行進(こうしん) 행진

- 計画(けいかく)の通(とお)りに工事(こうじ)を進(すす)めます。계획대로 공사를 진행합니다.
- 科学(かがく)の進歩(しんぽ)はすごいです。과학의 진보는 굉장합니다.

苦

쓸 고

부수 艹 획수 8획
소3 苦

苦 苦 苦 苦 苦 苦 苦 苦

훈 くるしい/くるしめる/くるしむ/にがい
苦(くる)しい 괴롭다 苦(くる)しめる 괴롭히다
苦(くる)しむ 괴로워하다, 고생하다 苦(にが)い 쓰다
苦手(にがて) 다루기 벅찬 상대, 서투름

음 く
苦情(くじょう) 고충, 불만, 불평 苦心(くしん) 고심
苦行(くぎょう) 고행 苦労(くろう) 수고

- 彼女(かのじょ)と別(わか)れて苦(くる)しい。 여자친구와 헤어져 괴롭다.
- 会社(かいしゃ)の先輩(せんぱい)に苦情(くじょう)を言(い)う。 회사 선배에게 고충을 말한다.

返

돌이킬 반

부수 辶 획수 7획
소3 返

返 返 返 返 返 返 返

훈 かえす/かえる
返(かえ)す 되돌리다, 돌려주다, 갚다
返(かえ)る 되돌아가다

음 へん
返却(へんきゃく) 반환, 반납 返済(へんさい) 갚음
返事(へんじ) 답장 返送(へんそう) 반송

비교
返(돌아올 반)
反(되돌릴 반)

알아두기

返(かえ)す / 帰(かえ)す

두 가지 모두 '돌려주다, 돌려보내다'라는 뜻을 가진 동사로 사물에는 返(かえ)す, 사람에게는 帰(かえ)す를 사용한다. 단, 탈 것에는 帰(かえ)す를 사용한다.

□ 読(よ)み終(おわ)った本(ほん)は必(かなら)ずもとの所(ところ)に返(かえ)してください。
다 읽은 책은 반드시 원래 있던 자리에 돌려놓아 주세요.

□ 先生(せんせい)は生徒(せいと)たちを家(いえ)に帰(かえ)した。 선생님은 학생들을 집으로 돌려보냈다.

- 借(か)りた本(ほん)を返(かえ)す。 빌린 책을 돌려준다.
- 間違(まちが)ってきた郵便物(ゆうびんぶつ)を返送(へんそう)する。 잘못 온 우편물을 반송한다.

勝

이길 승

부수 力 획수 12획
소3 勝

勝 勝 勝 勝 勝 勝 勝 勝 勝 勝 勝 勝

훈 かつ/まさる
勝(か)つ 이기다, 앞서다 勝手(かって) 마음대로 함
勝(まさ)る 우수하다

음 しょう
勝敗(しょうはい) 승패 勝負(しょうぶ) 승부
勝利(しょうり) 승리 優勝(ゆうしょう) 우승
全勝(ぜんしょう) 전승 決勝(けっしょう) 결승

- うちのチームが決勝(けっしょう)で勝(か)ちました。 우리 팀이 결승에서 이겼습니다.
- この試合(しあい)に勝(か)つと全勝(ぜんしょう)だ。 이 시합에서 이기면 전승이다.

負 負 負 負 負 負 負 負 負

負

질 부

부수 貝 획수 9획

소3 負

훈 おう/まかす/まける	負(お)う 짊어지다 負(ま)かす 지게 하다, 이기다 負(ま)ける 패배하다, 지다, 값을 깎아주다 お負(ま)け 덤, 할인
음 ふ	負担(ふたん) 부담 負傷(ふしょう) 부상 負債(ふさい) 부채 負荷(ふか) 부하, 짊어짐

- 試合(しあい)に負(ま)けないように頑張(がんば)る。 시합에 지지 않도록 분발한다.
- 経費(けいひ)の負担(ふたん)が大(おお)きくて旅行(りょこう)に行(い)くのを止(や)める。
  여행 경비의 부담이 커서 여행 가는 것을 그만둔다.

借 借 借 借 借 借 借 借 借 借

借

빌릴 차

부수 亻 획수 10획

3급 借

훈 かりる	借(か)りる 빌리다 借(か)り家(いえ) 빌린 집, 셋집
음 しゃく	借金(しゃっきん) 빌린 돈 借家(しゃくや) 빌린 집 貸借(たいしゃく) 대차, 빌려줌과 빌림

- ペンを借(か)りてもいいですか。 펜을 빌려도 괜찮습니까?
- 銀行(ぎんこう)からの借金(しゃっきん)を返(かえ)します。 은행에서 빌린 돈을 갚습니다.

일본의 연호⑤

	연호	독음	서력		연호	독음	서력
199	延徳	えんとく	1489~1492	225	正徳	しょうとく	1711~1716
200	明応	めいおう	1492~1501	226	享保	きょうほ	1716~1736
201	文亀	ぶんき	1501~1504	227	元文	げんぶん	1736~1741
202	永正	えいしょう	1504~1521	228	寛保	かんぽう(かんほう)	1741~1744
203	大永	だいえい	1521~1528	229	延享	えんきょう	1744~1748
204	享禄	きょうろく	1528~1532	230	寛延	かんえん	1748~1751
205	天文	てんぶん	1532~1555	231	宝暦	ほうれき(ほうりゃく)	1751~1764
206	弘治	こうじ	1555~1558	232	明和	めいわ	1764~1772
207	永禄	えいろく	1558~1570	233	安永	あんえい	1772~1781
208	元亀	げんき	1570~1573	234	天明	てんめい	1781~1789
209	天正	てんしょう	1573~1592	235	寛政	かんせい	1789~1801
210	文禄	ぶんろく	1592~1596	236	享和	きょうわ	1801~1804
211	慶長	けいちょう(きょうちょう)	1596~1615	237	文化	ぶんか	1804~1818
212	元和	げんな(げんわ)	1615~1624	238	文政	ぶんせい	1818~1830
213	寛永	かんえい	1624~1644	239	天保	てんぽう(てんほう)	1830~1844
214	正保	しょうほう	1644~1648	240	弘化	こうか	1844~1848
215	慶安	けいあん	1648~1652	241	嘉永	かえい	1848~1854
216	承応	じょうおう(しょうおう)	1652~1655	242	安政	あんせい	1854~1860
217	明暦	めいれき(みょうりゃく)	1655~1658	243	万延	まんえん	1860~1861
218	万治	まんじ	1658~1661	244	文久	ぶんきゅう	1861~1864
219	寛文	かんぶん	1661~1673	245	元治	げんじ	1864~1865
220	延宝	えんぽう	1673~1681	246	慶応	けいおう	1865~1868
221	天和	てんな	1681~1684	247	明治	めいじ	1868~1912
222	貞享	じょうきょう	1684~1688	248	大正	たいしょう	1912~1926
223	元禄	げんろく	1688~1704	249	昭和	しょうわ	1926~1989
224	宝永	ほうえい	1704~1711	250	平成	へいせい	1989

23_기타

이 단원에서 배울 한자

糸 실 사
玉 구슬 옥
用 쓸 용
弓 활 궁
矢 화살 시
里 마을 리
代 대신할 대
由 말미암을 유
予 미리 예
昭 밝을 소
委 맡길 위
談 말씀 담
帳 장막 장
礼 예도 례
申 납 신
君 임금 군
決 결단할 결
化 될 화
以 써 이
説 말씀 설

糸

실 사

부수 糸 획수 6획
소1 絲

糸 糸 糸 糸 糸 糸

훈 いと　糸(いと) 실　毛糸(けいと) 털실
糸車(いとぐるま) 물레　糸口(いとぐち) 단서

음 し　製糸(せいし) 제사　綿糸(めんし) 면사

비교
糸 (실 사)
絵 (그림 회)

- 針(はり)に糸(いと)を通(とお)す。 바늘에 실을 꿴다.
- 製糸工場(せいしこうじょう)で働(はたら)く。 제사공사에서 일한다.

玉

구슬 옥

부수 玉 획수 5획
소1 玉

玉 玉 玉 玉 玉

훈 たま　玉(たま) 구슬, 방울　十円玉(じゅうえんだま) 10엔 동전
目玉(めだま) 눈동자　シャボン玉(だま) 비누방울

음 ぎょく　玉石(ぎょくせき) 옥석　金玉(きんぎょく) 금과 옥
珠玉(しゅぎょく) 주옥　宝玉(ほうぎょく) 보옥, 보석

- 百円玉(ひゃくえんだま)を十円玉(じゅうえんだま)に替(か)える。 100엔 동전을 10엔 동전으로 바꾼다.
- 宝玉(ほうぎょく)をはめこんだ指輪(ゆびわ)。 보석을 박은 반지.

用

쓸 용

부수 用 획수 5획
소2 3급 用

用 用 用 用 用

훈 もちいる　用(もち)いる 사용(이용)하다, 쓰다

음 よう　用(よう)=用事(ようじ) 볼일　用意(ようい) 준비
無用(むよう) 무용　信用(しんよう) 신용
内容(ないよう) 내용

알아두기

準備(じゅんび) / 用意(ようい) / 支度(したく)

세 가지 모두 '준비'라는 뜻을 가진 단어이다. 準備(じゅんび)와 用意(ようい)는 미리 준비한다는 뜻에서 함께 사용하기도 하지만 準備(じゅんび)는 주로 어떤 일을 하는 데에 필요한 물건뿐 아니라 그에 필요한 여러 가지를 종합적으로 준비한다는 뜻으로 사용하며, 用意(ようい)는 특정한 물건을 미리 준비한다는 뜻으로 사용한다. 또 支度(したく)는 필요한 물건을 준비하는 구체적인 행동을 한다는 뜻으로 사용된다.

- 会議(かいぎ)の準備(じゅんび)が終(お)わった。회의 준비가 끝났다.
- 母(はは)は朝(あさ)ご飯(はん)の支度(したく)で忙(いそ)がしい。어머니는 아침 식사 준비로 바쁘시다.
- 食事(しょくじ)の用意(ようい)をして待(ま)っている。식사 준비를 하고 기다리고 있다.

- 決(き)められた用紙(ようし)を用(もち)います。정해진 용지를 사용합니다.
- 彼(かれ)は信用(しんよう)できる人(ひと)です。그는 신용할 수 있는 사람입니다.

弓

활 궁

부수 弓 획수 3획
소2 弓

弓 弓 弓

훈 ゆみ　弓(ゆみ) 활　弓矢(ゆみや) 활과 화살

음 きゅう　弓術(きゅうじゅつ) 궁술　弓道(きゅうどう) 궁도
弓形(きゅうけい) 활모양

비교
弓 (활 궁)
引 (끌 인)

- バイオリンの弓(ゆみ)が折(お)れる。바이올린의 활이 부러진다.
- 毎日(まいにち)、弓術(きゅうじゅつ)を習(なら)います。매일 궁술을 익힙니다.

矢

화살 시

부수 矢 획수 5획
소2 矢

矢 矢 矢 矢 矢

훈 や　矢(や) 화살　矢印(やじるし) 화살표
矢先(やさき) 화살촉　毒矢(どくや) 독화살

음 し　一矢(いっし) 한 개의 화살
矢石(しせき) 시석, 화살과 돌

- 弓矢(ゆみや)を持(も)って戦(たたか)う。활과 화살을 가지고 싸운다.
- 矢印(やじるし)を見(み)て前(まえ)に進(すす)む。화살표를 보고 앞으로 나아간다.

里

마을 리

부수 里 획수 7획

소2 里

里 里 里 里 里 里 里

훈 さと — 里(さと) 마을 里帰(さとがえ)り 귀향, 친정 나들이 里心(さとごころ) 고향 생각 村里(むらざと) 시골, 마을 人里(ひとざと) 마을, 부락

음 り — 里程標(りていひょう) 이정표 海里(かいり) 해리 郷里(きょうり) 향리, 고향

비교
里 (마을 리)
理 (이치 리)

- 子供(こども)をつれて里帰(さとがえ)りする。아이를 데리고 친정에 간다.
- おばあさんの郷里(きょうり)は山村(さんそん)だ。할머니의 고향은 산촌이다.

代

대신할 대

부수 亻 획수 5획

소3 3급 代

代 代 代 代 代

훈 かわる/かえる/よ/しろ — 代(か)わる 대신하다, 바뀌다 代(か)える 바꾸다 代々(よよ) 대대 代物(しろもの) 물건, 상품

음 だい/たい — 代理(だいり) 대리 代用(だいよう) 대용 バス代(だい) 버스 요금 交代(こうたい) 교대

- 社長(しゃちょう)の代(か)わりに私(わたし)があいさつします。
  사장님을 대신하여 제가 인사를 드립니다.
- バス代(だい)は私(わたし)が払(はら)います。버스 요금은 제가 지불하겠습니다.

由

말미암을 유

부수 田 획수 5획

소3 由

由 由 由 由 由

훈 よし — 由(よし) 원인, 까닭, 수단, 방법

음 ゆ/ゆう — 由来(ゆらい) 유래 経由(けいゆ) 경유 自由(じゆう) 자유 理由(りゆう) 이유

★由緒(ゆいしょ) : 유서

비교
由 (말미암을 유)
田 (밭 전)

- 会(あ)う由(よし)もありません。만날 이유도 없습니다.
- 神社(じんじゃ)の由来(ゆらい)について調(しら)べる。신사의 유래에 대해서 조사한다.

予

미리 예

부수 亅 획수 4획

소3 豫

予 予 予 予

훈 あらかじめ — 予(あらかじ)め 미리

음 よ — 予感(よかん) 예감 予想(よそう) 예상 予定(よてい) 예정 予報(よほう) 예보 予約(よやく) 예약

- 飛行機(ひこうき)のスケジュールを予(あらかじ)め調(しら)べておく。
  비행기 스케줄을 미리 조사해 둔다.
- 今度(こんど)こそ試験(しけん)に合格(ごうかく)する予感(よかん)がする。
  이번에야말로 시험에 합격할 것 같은 예감이 든다.

昭

밝을 **소**

부수 日 획수 9획

소3 昭

昭 昭 昭 昭 昭 昭 昭 昭 昭

훈 –

음 しょう　昭和(しょうわ) 쇼와

비교
昭(밝을 소)
助(도울 조)

せい き せんきゅうひゃく に じゅうろく ねん はちじゅうきゅうねん しょう わ じ だい
- 西紀千九百二十六年から八十九年までが昭和時代である。
시기 1926년부터 1989년까지가 쇼와시대이다.

はは しょう わ う
- 母は昭和生まれだ。 어머니는 쇼와시대에 태어났다.

委

맡길 **위**

부수 女 획수 8획

소3 委

委 委 委 委 委 委 委 委

훈 –

음 い　委員(いいん) 위원　委曲(いきょく) 상세한 부분
委任(いにん) 위임　委託(いたく) 위탁

い いんかい しゅっせき い けん はな
- 委員会に出席して意見を話す。 위원회에 출석해서 의견을 말한다.

い たくはんばい い らい
- 委託販売を依頼する。 위탁판매를 의뢰한다.

談

말씀 **담**

부수 言 획수 15획

소3 談

談 談 談 談 談 談 談 談 談 談 談 談 談 談 談

훈 –

음 だん　談笑(だんしょう) 담소　会談(かいだん) 회담
相談(そうだん) 상담　雑談(ざつだん) 잡담
冗談(じょうだん) 농담　面談(めんだん) 면담

せつめい ざつだん や
- 説明しますから雑談は止めてください。 설명할 테니 잡담은 그만하세요.

あした はは せんせい めんだん
- 明日母と先生の面談がある。 내일 엄마와 선생님의 면담이 있다.

帳

휘장 **장**

부수 巾 획수 11획

소3 帳

帳 帳 帳 帳 帳 帳 帳 帳 帳 帳 帳

훈 –

음 ちょう　通帳(つうちょう) 통장　手帳(てちょう) 수첩
日記帳(にっきちょう) 일기장

つうちょう あんしょうばんごう わす
- 通帳の暗証番号を忘れてしまう。 통장 비밀번호를 잊어버린다.

て ちょう あした か
- 手帳に明日のスケジュールを書いておく。
수첩에 내일 스케줄을 적어 둔다.

礼

예도 례

부수 ネ 획수 5획

소3 禮

礼礼礼礼礼

훈 –

음 れい/らい　礼儀(れいぎ) 예의　礼金(れいきん) 사례금　礼服(れいふく) 예복　敬礼(けいれい) 경례　失礼(しつれい) 실례　目礼(もくれい) 목례　礼賛(らいさん) 예찬

- 結婚式(けっこんしき)に着(き)る礼服(れいふく)を準備(じゅんび)する。결혼식에 입을 예복을 준비한다.
- この前(まえ)はどうも失礼(しつれい)しました。요전에는 정말로 실례했습니다.

申

납 신

부수 田 획수 5획

소3 申

申申申申申

훈 もうす　申(もう)す 말씀드리다　申(もう)し上(あ)げる 말씀드리다　申(もう)し込(こ)み用紙(ようし) 신청용지

음 しん　申告(しんこく) 신고　申請(しんせい) 신청　答申(とうしん) 답신

- 申(もう)し込(こ)み用紙(ようし)を窓口(まどぐち)でもらう。신청용지를 창구에서 받는다.
- 一年間(いちねんかん)の収入(しゅうにゅう)を正確(せいかく)に申告(しんこく)する。1년간의 수입을 정확하게 신고한다.

君

임금 군

부수 口 획수 7획

소3 君

君君君君君君君

훈 きみ　君(きみ) 자네, 너, 그대

음 くん　君主(くんしゅ) 군주　主君(しゅくん) 주군　名君(めいくん) 명군　君子(くんし) 군자

- 君(きみ)の事(こと)を忘(わす)れていないよ。자네를 잊지 않고 있어.
- 中国(ちゅうごく)の孔子(こうし)と孟子(もうし)は君子(くんし)と言(い)われている。중국의 공자와 맹자는 군자라고 일컬어지고 있다.

決

결단할 결

부수 氵 획수 7획

소3 決

決決決決決決決

훈 きまる/きめる　決(き)まる 정해지다, 결정되다　決(き)める 정하다, 결정하다　決(き)まり 규정

음 けつ　決意(けつい) 결의　決行(けっこう) 결행　決算(けっさん) 결산　決(けっ)して 결코　決勝(けっしょう) 결승　決心(けっしん) 결심

- 夏休(なつやす)みの計画(けいかく)が決(き)まった。여름휴가 계획이 정해졌다.
- 決(けっ)して私(わたし)は知(し)らない事(こと)だ。결코 나는 모르는 일이다.

化

될 화

부수 匕 획수 4획

소3 化

化 化 化 化

훈	ばかす/ばける	化(ば)かす 호리다 化(ば)ける 변신하다, 변장하다 お化(ば)け 도깨비
음	か/け	化学(かがく) 화학 化合(かごう) 화합 化石(かせき) 화석 文化(ぶんか) 문화 化粧(けしょう) 화장

- お化(ば)けのでる昔話(むかしばなし)。 도깨비가 나오는 옛날 이야기.
- きれいに化粧(けしょう)する姉(あね)。 예쁘게 화장하는 언니.

以

써 이

부수 人 획수 5획

3급 以

以 以 以 以 以

훈	–	
음	い	以下(いか) 이하 以上(いじょう) 이상 以前(いぜん) 이전 以後(いご) 이후 以外(いがい) 이외 以来(いらい) 이래, 이후

- 十人以上(じゅうにんいじょう)が参加(さんか)します。 10명 이상이 참가합니다.
- あれ以来(いらい)、連絡(れんらく)もありません。 그 이후 연락도 없습니다.

説

말씀 설, 달랠 세

부수 言 획수 14획

3급 説

説 説 説 説 説 説 説 説 説 説 説 説 説 説

훈	とく	説(と)く 설명하다, 설득하다
음	せつ/ぜい	説明(せつめい) 설명 説得(せっとく) 설득 演説(えんぜつ) 연설 遊説(ゆうぜい) 유세

비교
説 (말씀 설)
話 (말씀 화)

- 言葉(ことば)の意味(いみ)を説(と)きます。 단어의 의미를 설명합니다.
- 説得力(せっとくりょく)がある話(はなし)です。 설득력이 있는 이야기입니다.

부록

소학교 1, 2, 3학년 필수 한자
일본어능력시험 4, 3급 한자

다음은 본문에서 익힌 한자들을 학년별 급수별로 묶어 놓은 것이다.
본문의 한자가 주제별로 나뉘어 있어서 수준별로 한눈에 파악하기가 힘들다고 판단되었기에 페이지를 할애하기로 했다.
각 한자의 아래 공란에는 뜻과 음 또는 훈독과 음독을 써 보면서 복습하는 페이지로도 활용하자.

1학년

一	右	雨	円	王	音	下	火	花	貝	学	気	九
休	玉	金	空	月	犬	見	五	口	校	左	三	山
子	四	糸	字	耳	七	車	手	十	出	女	小	上
森	人	水	正	生	青	夕	石	赤	千	川	先	早
草	足	村	大	男	竹	中	虫	町	天	田	土	二
日	入	年	白	八	百	文	木	本	名	目	立	力
林	六											

2학년

引	羽	雲	園	遠	何	科	夏	家	歌	画	回	会
海	絵	外	角	楽	活	間	丸	岩	顔	汽	記	帰
弓	牛	魚	京	強	教	近	兄	形	計	元	言	原
戸	古	午	後	語	工	公	広	交	光	考	行	高
黄	合	谷	国	黒	今	才	細	作	算	止	市	矢
姉	思	紙	寺	自	時	室	社	弱	首	秋	週	春
書	少	場	色	食	心	新	親	図	数	西	声	星
晴	切	雪	船	線	前	組	走	多	太	体	台	地
池	知	茶	昼	長	鳥	朝	直	通	弟	店	点	電
刀	冬	当	東	答	頭	同	道	読	内	南	肉	馬
売	買	麦	半	番	父	風	分	聞	米	歩	母	方
北	毎	妹	万	明	鳴	毛	門	夜	野	友	用	曜

来	里	理	話									

3학년

悪	安	暗	医	委	意	育	員	院	飲	運	泳	駅
央	横	屋	温	化	荷	界	開	階	寒	感	漢	館
岸	起	期	客	究	急	級	宮	球	去	橋	業	曲
局	銀	区	苦	具	君	係	軽	血	決	研	県	庫
湖	向	幸	港	号	根	祭	皿	仕	死	使	始	指
歯	詩	次	事	持	式	実	写	者	主	守	取	酒
受	州	拾	終	習	集	住	重	宿	所	暑	助	昭
消	商	章	勝	乗	植	申	身	神	真	深	進	世
整	昔	全	相	送	想	息	速	族	他	打	対	待
代	第	題	炭	短	談	着	注	柱	丁	帳	調	追

定	庭	笛	鉄	転	都	度	投	豆	島	湯	登	等
動	童	農	波	配	倍	箱	畑	発	反	坂	板	皮
悲	美	鼻	筆	氷	表	秒	病	品	負	部	服	福
物	平	返	勉	放	味	命	面	問	役	薬	由	油
有	遊	予	羊	洋	葉	陽	様	落	流	旅	両	緑
礼	列	練	路	和								

4급 한자

安	一	飲	右	雨	駅	円	下	火	何	花	会	外
学	間	気	九	休	魚	金	空	月	見	言	古	五
午	後	語	口	行	校	高	国	今	左	三	山	子
四	時	耳	七	社	車	手	週	十	出	書	女	小
少	上	食	新	人	水	生	西	千	川	先	前	足

多	大	男	中	長	天	店	電	土	東	道	読	南
二	日	入	年	買	白	八	半	百	父	分	聞	母
北	木	本	毎	万	名	目	友	来	立	六	話	

3급 한자

悪	暗	以	医	意	員	院	引	運	英	映	遠	屋
音	夏	家	歌	画	回	海	界	開	楽	寒	漢	館
顔	起	帰	究	急	牛	去	京	強	教	業	近	銀
区	兄	計	軽	犬	建	研	県	験	元	工	広	光
好	考	合	黒	菜	作	産	止	仕	市	死	私	使
始	姉	思	紙	試	字	自	事	持	室	質	写	者
借	弱	主	首	秋	終	習	集	住	重	春	所	暑
乗	場	色	心	真	進	森	親	図	世	正	声	青

夕	赤	切	説	洗	早	走	送	族	村	太	体	待
貸	代	台	題	短	地	池	知	茶	着	注	昼	町
鳥	朝	通	低	弟	転	田	都	度	冬	答	頭	同
動	働	堂	特	肉	売	発	飯	病	品	不	風	服
物	文	別	便	勉	歩	方	妹	味	民	明	門	問
夜	野	薬	有	用	洋	曜	理	旅	料	力	林	

색인

본문의 한자들은 주제별로 나뉘어 있고, 학년별 급수별 분류에서는 일본어의 가나 순으로 배열되어 있다.
학습을 충분히 했다면 각 한자에 대해 훈독 내지 음독으로 어떻게 읽는지, 그리고 뜻은 무엇인지 바로 알 수 있다.
하지만 우리의 머리는 쉽게 잊어버리므로, 전체 한자를 우리말 가나다 순으로 배열해 쉽게 찾아볼 수 있도록 했다.

ㄱ

ㄹ

ㅁ

ㅂ

ㅇ

ㅈ

ㅊ

談	
말씀 담	음 だん　談 談 談 談 談 談 談 談 談 談 談 談 談 談 談
帳	
휘장 장	음 ちょう　帳 帳 帳 帳 帳 帳 帳 帳 帳 帳 帳
礼	
예도 례	음 れい/らい　礼 礼 礼 礼 礼
申	
납 신	훈 もうす 음 しん　申 申 申 申 申
君	
임금 군	훈 きみ 음 くん　君 君 君 君 君 君 君
決	
터질 결	훈 きまる/きめる 음 けつ　決 決 決 決 決 決 決
化	
될 화	훈 ばかす/ばける 음 か/け　化 化 化 化
以	
써 이	음 い　以 以 以 以 以
説	
말씀 설, 달랠 세	훈 とく 음 せつ/ぜい　説 説 説 説 説 説 説 説 説 説 説 説 説 説

모양이 비슷한 한자

休 (쉴 휴)	体 (몸 체)	頭 (머리 두)	顔 (낯 안)
早 (이를 조)	申 (펼 신)	毛 (터럭 모)	手 (손 수)
夕 (저녁 석)	多 (많을 다)	皮 (가죽 피)	波 (물결 파)
正 (바를 정)	止 (그칠 지)	全 (온전 전)	金 (쇠 금)
何 (어찌 하)	河 (물 하)	問 (물을 문) 門 (문 문)	間 (사이 간)
方 (모 방)	万 (일만 만)	開 (열 개)	聞 (들을 문)
湯 (끓일 탕)	陽 (볕 양)	板 (널 판)	坂 (고개 판)
働 (일할 동)	動 (움직일 동)	入 (들 입)	人 (사람 인)
飯 (밥 반)	飲 (마실 음)	走 (달릴 주)	起 (일어날 기)
洗 (씻을 세)	先 (먼저 선)	活 (살 활)	話 (말할 화)
八 (여덟 팔)	人 (사람 인)	転 (구를 전)	軽 (가벼울 경)
千 (일천 천)	干 (방패 간)	投 (던질 투)	役 (부릴 역)
土 (흙 토)	王 (임금 왕)	特 (특별할 특)	持 (가질 지)
第 (차례 제)	弟 (아우 제)	本 (근본 본)	木 (나무 목)
皿 (그릇 명)	血 (피 혈)	白 (흰 백)	百 (일백 백)
親 (친할 친)	新 (새로울 신)	絵 (그림 회)	会 (모일 회)
妹 (누이 매)	姉 (손윗누이 자)	昔 (예 석) 音 (소리 음)	借 (빌릴 차)
才 (재주 재)	木 (나무 목)	工 (장인 공)	王 (임금 왕)
住 (살 주)	主 (주인 주)	旅 (나그네 려)	族 (겨레 족)
具 (갖출 구)	貝 (조개 패)	王 (임금 왕) 玉 (구슬 옥)	主 (주인 주)
柱 (기둥 주) 注 (물댈 주)	住 (살 주)	東 (동녘 동)	車 (수레 차)
客 (손 객)	各 (각각 각)	池 (연못 지) 他 (다를 타)	地 (땅 지)
目 (눈 목)	日 (날 일)	園 (동산 원)	遠 (멀 원)

시험에도 강한

일본어 한자

日語(일어)서기 첫걸음

쓰기노트

특별부록

Nihongo Factory

1. 하루 일과

気	기운 기	음 き/け
休	쉴 휴	훈 やすむ/やすまる/やすめる 음 きゅう
早	이를 조	훈 はやい/はやまる/はやめる 음 そう/さっ
夕	저녁 석	훈 ゆう 음 せき
正	바를 정	훈 ただしい/ただす/まさ 음 せい/しょう
食	먹을 식	훈 たべる/くう 음 しょく/じき
午	낮 오	음 ご
前	앞 전	훈 まえ 음 ぜん
後	뒤 후	훈 あと/のち/うしろ/おくれる 음 ご/こう

漢字	읽기	필순
今 이제 금	훈 いま 음 こん/きん	今 今 今 今
何 어찌 하	훈 なに/なん 음 か	何 何 何 何 何 何 何
時 때 시	훈 とき 음 じ	時 時 時 時 時 時 時 時 時 時
半 반 반	훈 なかば 음 はん	半 半 半 半 半
分 나눌 분	훈 わける/わかれる/わかる/わかつ 음 ぶん/ふん/ぶ	分 分 分 分
朝 아침 조	훈 あさ 음 ちょう	朝 朝 朝 朝 朝 朝 朝 朝 朝 朝 朝 朝
歩 걸음 보	훈 あるく/あゆむ 음 ほ/ぶ/ふ	歩 歩 歩 歩 歩 歩 歩 歩
昼 낮 주	훈 ひる 음 ちゅう	昼 昼 昼 昼 昼 昼 昼 昼 昼
元 으뜸 원	훈 もと 음 げん/がん	元 元 元 元
帰 돌아갈 귀	훈 かえる/かえす 음 き	帰 帰 帰 帰 帰 帰 帰 帰 帰 帰

夜	밤 야	훈 よ/よる 음 や
方	모 방	훈 かた 음 ほう
湯	끓일 탕	훈 ゆ 음 とう
秒	분초 초	음 びょう
急	급할 급	훈 いそぐ 음 きゅう
着	붙을 착	훈 きる/きせる/つく/つける 음 ちゃく/じゃく
起	일어날 기	훈 おきる/おこる/おこす 음 き
乗	탈 승	훈 のる/のせる 음 じょう
働	일할 동	훈 はたらく 음 どう
飯	밥 반	훈 めし 음 はん

洗									
씻을 세	훈 あらう 음 せん								洗 洗 洗 洗 洗 洗 洗 洗 洗

2. 숫자, 요일, 조수사

一									
한 일	훈 ひと/ひとつ 음 いち/いつ								一
二									
두 이	훈 ふた/ふたつ 음 に								二 二
三									
석 삼	훈 み/みつ/みっつ 음 さん								三 三 三
四									
넉 사	훈 よ/よつ/よっつ/よん 음 し								四 四 四 四 四
五									
다섯 오	훈 いつ/いつつ 음 ご								五 五 五 五
六									
여섯 륙	훈 む/むつ/むっつ/むい 음 ろく								六 六 六 六
七									
일곱 칠	훈 なな/ななつ/なの 음 しち								七 七

八	여덟 팔	훈 や/やつ/やっつ/よう 음 はち
九	아홉 구	훈 ここの/ここのつ 음 きゅう/く
十	열 십	훈 とお/と 음 じゅう/じっ
百	일백 백	음 ひゃく
千	일천 천	훈 ち 음 せん
年	해 년	훈 とし 음 ねん
月	달 월	훈 つき 음 げつ/がつ
火	불 화	훈 ひ/ほ 음 か
水	물 수	훈 みず 음 すい
木	나무 목	훈 き/こ 음 もく/ぼく

金									
쇠 금	훈 かね/かな 음 きん/こん								金 金 金 金 金 金 金 金
土									
흙 토	훈 つち 음 ど/と								土 土 土
日									
날 일	훈 ひ/か 음 にち/じつ								日 日 日 日
人									
사람 인	훈 ひと 음 じん/にん								人 人
円									
둥글 원	훈 まるい 음 えん								円 円 円 円
毎									
매양 매	음 まい								毎 毎 毎 毎 毎 毎
週									
주일 주	음 しゅう								週 週 週 週 週 週 週 週 週 週 週
万									
일만 만	음 まん/ばん								万 万 万
曜									
빛날 요	음 よう								曜 曜 曜 曜 曜 曜 曜 曜 曜 曜 曜 曜 曜 曜 曜 曜 曜 曜
回									
돌아올 회	훈 まわる/まわす 음 かい/え								回 回 回 回 回 回

한자	뜻·음	읽기
番	차례 번	음 ばん
第	차례 제	음 だい
倍	곱 배	음 ばい
等	무리 등	훈 ひとしい 음 とう
階	섬돌 계	음 かい
号	부르짖을 호	음 ごう
皿	그릇 명	훈 さら

3. 집과 가족

한자	뜻·음	읽기
男	남자 남	훈 おとこ 음 だん/なん

女									
계집 녀	훈 おんな/め 음 じょ/にょ/にょう								女 女 女
子									
아들 자	훈 こ 음 し/す								子 子 子
電									
번개 전	음 でん								電 電 電 電 電 電 電 電 電 雷 雷 雷 電
話									
말씀 화	훈 はなす/はなし 음 わ								話 話 話 話 話 話 話 話 話 話 話 話 話
父									
아비 부	훈 ちち 음 ふ								父 父 父 父
母									
어미 모	훈 はは 음 ぼ								母 母 母 母 母
長									
긴 장	훈 ながい 음 ちょう								長 長 長 長 長 長 長 長
親									
친할 친	훈 おや/したしい/したしむ 음 しん								親 親 親 親 親 親 親 親 親 親 親 親 親 親 親 親
姉									
손윗누이 자	훈 あね 음 し								姉 姉 姉 姉 姉 姉 姉 姉
妹									
누이 매	훈 いもうと 음 まい								妹 妹 妹 妹 妹 妹 妹 妹

한자	뜻·음	읽기	획순
兄	형 형	훈 あに 음 けい/きょう	兄 兄 兄 兄 兄
弟	아우 제	훈 おとうと 음 てい/だい/で	弟 弟 弟 弟 弟 弟 弟
家	집 가	훈 いえ/や 음 か/け	家 家 家 家 家 家 家 家 家 家
台	집 대	음 だい/たい	台 台 台 台 台
才	재주 재	음 さい	才 才 才
戸	집 호	훈 と 음 こ	戸 戸 戸 戸
屋	집 옥	훈 や 음 おく	屋 屋 屋 屋 屋 屋 屋 屋 屋
所	바 소	훈 ところ 음 しょ	所 所 所 所 所 所 所 所
住	살 주	훈 すむ/すまう 음 じゅう	住 住 住 住 住 住 住
部	떼 부	음 ぶ	部 部 部 部 部 部 部 部 部 部 部

한자	뜻·음	읽기
具	갖출 구	훈 そなえる/そなわる 음 ぐ
庭	뜰 정	훈 にわ 음 てい
柱	기둥 주	훈 はしら 음 ちゅう
庫	곳집 고	음 こ/く
受	받을 수	훈 うかる/うける 음 じゅ
箱	상자 상	훈 はこ
客	손 객	음 きゃく/かく
様	모양 양	훈 さま 음 よう
両	두 량	음 りょう
次	버금 차	훈 つぐ/つぎ 음 し/じ

息									
쉴 식	훈 いき 음 そく								息 息 息 息 息 息 息 息 息 息
他									
다를 타	훈 ほか 음 た								他 他 他 他 他
建									
세울 건	훈 たてる/たつ 음 けん/こん								建 建 建 建 建 建 建 建 建
私									
사사 사	훈 わたくし 음 し								私 私 私 私 私 私 私
倉									
곳집 창	훈 くら 음 そう								倉 倉 倉 倉 倉 倉 倉 倉 倉 倉

4. 신체

目									
눈 목	훈 め/ま 음 もく/ぼく								目 目 目 目 目
口									
입 구	훈 くち 음 こう/く								口 口 口
耳									
귀 이	훈 みみ 음 じ								耳 耳 耳 耳 耳 耳

한자	뜻·음	읽기
手	손 수	훈 て/た 음 しゅ
足	발 족	훈 あし/たりる/たる/たす 음 そく
力	힘 력	훈 ちから 음 りょく/りき
頭	머리 두	훈 あたま/かしら 음 とう/ず/と
顔	낯 안	훈 かお 음 がん
首	머리 수	훈 くび 음 しゅ
毛	터럭 모	훈 け 음 もう
服	옷 복	음 ふく
鼻	코 비	훈 はな 음 び
指	가리킬 지	훈 さす/ゆび 음 し

한자	뜻·음	훈	음
歯	이 치	は	し
血	피 혈	ち	けつ
皮	가죽 피	かわ	ひ
全	온전할 전	まったく	ぜん
身	몸 신	み	しん
膚	살갗 부	はだ	ふ

5. 학교

한자	뜻·음	훈	음
学	배울 학	まなぶ	がく
校	학교 교		こう

先	먼저 선	훈 さき 음 せん	先先先先先先
生	날 생	훈 いきる/うむ/うまれる 음 せい/しょう	生生生生生
字	글자 자	훈 あざ 음 じ	字字字字字字
語	말씀 어	훈 かたる/かたらう 음 ご	語語語語語語語語語語語語語語
教	가르칠 교	훈 おしえる/おそわる 음 きょう	教教教教教教教教教教教
室	집 실	훈 むろ 음 しつ	室室室室室室室室室
黒	검을 흑	훈 くろ/くろい 음 こく	黒黒黒黒黒黒黒黒黒黒黒
同	한가지 동	훈 おなじ 음 どう	同同同同同同
強	강할 강	훈 つよい/つよまる/つよめる/しいる 음 きょう/ごう	強強強強強強強強強強強
答	대답 답	훈 こたえる/こたえ 음 とう	答答答答答答答答答答答答

한자	뜻·음	읽기
体	몸 체	훈 からだ 음 たい/てい
紙	종이 지	훈 かみ 음 し
点	점 점	음 てん
科	과정 과	음 か
算	셈 산	음 さん
数	셈 수	훈 かず/かぞえる 음 すう/す
組	짤 조	훈 くむ/くみ 음 そ
勉	힘쓸 면	음 べん
問	물을 문	훈 とう/とい/とん 음 もん
題	제목 제	음 だい

한자	뜻·음	읽기
漢	한수 한	음 かん
板	널 판	훈 いた 음 はん/ばん
級	등급 급	음 きゅう
宿	잘 숙	훈 やど/やどる/やどす 음 しゅく
育	기를 육	훈 そだつ/そだてる 음 いく
質	바탕 질	음 しつ/しち/ち
試	시험 시	훈 こころみる/ためす 음 し
験	시험 험	훈 ためす 음 けん/げん
英	꽃부리 영	음 えい

6. 학교

入	들 입	훈 いる/いれる/はいる 음 にゅう
友	벗 우	훈 とも 음 ゆう
門	문 문	훈 かど 음 もん
場	마당 장	훈 ば 음 じょう
野	들 야	훈 の 음 や
走	달릴 주	훈 はしる 음 そう
活	살 활	음 かつ
運	옮길 운	훈 はこぶ 음 うん
動	움직일 동	훈 うごく/うごかす 음 どう

習

익힐 습 훈 ならう 음 しゅう

転

구를 전 훈 ころがる/ころげる/ころがす/ころぶ 음 てん

式

법 식 음 しき

球

공 구 훈 たま 음 きゅう

練

익힐 련 훈 ねる 음 れん

投

던질 투 훈 なげる 음 とう

打

칠 타 훈 うつ 음 だ

特

특별할 특 음 とく

別

나눌 별 훈 わかれる 음 べつ

達

통달할 달 음 たつ

7. 직업

한자	뜻·음	읽기
会	모일 회	훈 あう 음 かい/え
社	모일 사	훈 やしろ 음 しゃ
計	셈할 계	훈 はかる/はからう 음 けい
記	기록할 기	훈 しるす 음 き
仕	섬길 사	훈 つかえる 음 し/じ
事	일 사	훈 こと 음 じ/ず
員	인원 원	음 いん
者	놈 자	훈 もの 음 しゃ
医	의원 의	음 い

研	갈 연	훈 とぐ/みがく 음 けん
究	연구할 구	훈 きわめる 음 きゅう
業	업 업	훈 わざ 음 ぎょう/ごう
係	맬 계	훈 かかる/かかわる/かかり 음 けい
平	평평할 평	훈 たいら/ひら 음 へい/びょう
農	농사 농	음 のう

8. 책과 그림

本	근본 본	훈 もと 음 ほん
白	흰 백	훈 しろ/しろい/しら 음 はく/びゃく

한자	뜻·음	훈	음
文	글월 문	ふみ	ぶん/もん
青	푸를 청	あお/あおい	せい/しょう
赤	붉을 적	あか/あかい	せき/しゃく
読	읽을 독	よむ	どく/とく/とう
色	빛 색	いろ	しょく/しき
絵	그림 회		え/かい
黄	누를 황	き/こ	こう/おう
詩	시 시		し
章	글 장		しょう
童	아이 동	わらべ	どう

한자	뜻·음	읽기
昔	예 석	훈 むかし 음 せき/しゃく
緑	푸를 록	훈 みどり 음 りょく/ろく
筆	붓 필	훈 ふで 음 ひつ
感	느낄 감	음 かん
想	생각 상	음 そう/そ
鉛	납 연	훈 なまり 음 えん

9. 여러 가지 취미

한자	뜻·음	읽기
音	소리 음	훈 おと/ね 음 おん/いん
行	다닐 행	훈 いく/ゆく/おこなう 음 こう/ぎょう/あん

画	그림 화, 그을 획	음 が/かく
楽	즐길 락, 노래 악	훈 たのしい/たのしむ 음 がく/らく
歌	노래 가	훈 うた/うたう 음 か
声	소리 성	훈 こえ/こわ 음 せい/しょう
工	장인 공	음 こう/く
作	지을 작	훈 つくる 음 さく/さ
主	주인 주	훈 ぬし/おも 음 しゅ/す
写	베낄 사	훈 うつす/うつる 음 しゃ
真	참 진	훈 ま 음 しん
旅	나그네 려	훈 たび 음 りょ

物	
물건 물	훈 もの 음 ぶつ/もつ
役	
부릴 역	음 やく/えき
荷	
멜 하	훈 に 음 か
泳	
헤엄칠 영	훈 およぐ 음 えい
相	
서로 상	훈 あい 음 そう/しょう
映	
비칠 영	훈 うつる/うつす/はえる 음 えい
撲	
칠 박	훈 なぐる 음 ぼく

10. 나라

町	
밭두둑 정	훈 まち 음 ちょう

한자	뜻·음	읽기
村	마을 촌	훈 むら 음 そん
王	임금 왕	음 おう
国	나라 국	훈 くに 음 こく
東	동녘 동	훈 ひがし 음 とう
道	길 도	훈 みち 음 どう/とう
北	북녘 북, 달아날 배	훈 きた 음 ほく
海	바다 해	훈 うみ 음 かい
京	서울 경	음 きょう/けい
市	저자 시	훈 いち 음 し
世	인간 세	훈 よ 음 せ/せい

한자	뜻과 음	읽기
界	지경 계	음 かい
族	겨레 족	음 ぞく
都	도읍 도	훈 みやこ 음 と/つ
県	고을 현	음 けん
区	구분할 구	음 く
州	고을 주	훈 す 음 しゅう
民	백성 민	훈 たみ 음 みん
府	관청 부	음 ふ
崎	험할 기	훈 さき 음 き

11. 거리1

漢字	뜻·음	훈	음
書	글 서	かく	しょ
店	가게 점	みせ	てん
広	넓을 광	ひろい	こう
図	그림 도	はかる	ず/と
池	못 지	いけ	ち
公	공평할 공	おおやけ	こう
園	동산 원	その	えん
銀	은 은		ぎん
病	병들 병	やむ/やまい	びょう/へい

한자	뜻·음	읽기
院	집 원	음 いん
館	집 관	훈 やかた 음 かん
薬	약 약	훈 くすり 음 やく
局	판 국	음 きょく
商	장사 상	훈 あきなう 음 しょう
神	귀신 신	훈 かみ/かん/こう 음 しん/じん
宮	집 궁	훈 みや 음 きゅう/ぐう/く
祭	제사 제	훈 まつる/まつり 음 さい
遊	놀 유	훈 あそぶ 음 ゆう/ゆ
便	편할 편	훈 たより 음 べん/びん

郵									
우편 우	음 ゆう								

12. 거리2

車									
수레 차(거)	훈 くるま 음 しゃ								
出									
날 출	훈 でる/だす 음 しゅつ/すい								
高									
높을 고	훈 たかい/たか/たかまる/たかめる 음 こう								
通									
통할 통	훈 とおる/とおす/かよう 음 つう/つ								
角									
뿔 각	훈 かど/つの 음 かく								
交									
사귈 교	훈 まじわる/まじえる/まじる/まざる/まぜる 음 こう								
駅									
역 역	음 えき								

한자	뜻·음	읽기
発	필 발	음 はつ/ほつ
死	죽을 사	훈 しぬ 음 し
列	벌릴 렬	음 れつ
鉄	쇠 철	음 てつ
橋	다리 교	훈 はし 음 きょう
速	빠를 속	훈 はやい/はやめる/すみやか 음 そく
路	길 로	훈 じ 음 ろ
登	오를 등	훈 のぼる 음 と/とう
坂	고개 판	훈 さか 음 はん
故	연고 고	훈 ことさら/ゆえ 음 こ

13. 식당

한자	뜻·음	읽기
名	이름 명	훈 な 음 めい/みょう
理	다스릴 리	음 り
茶	차 차(다)	음 ちゃ/さ
肉	고기 육	음 にく
刀	칼 도	훈 かたな 음 とう
米	쌀 미	훈 こめ 음 べい/まい
麦	보리 맥	훈 むぎ 음 ばく
飲	마실 음	훈 のむ 음 いん
有	있을 유	훈 ある 음 ゆう/う

洋	큰 바다 양	음 よう	洋洋洋洋洋洋洋洋洋
味	맛 미	훈 あじ/あじわう 음 み	味味味味味味味味
品	물건 품	훈 しな 음 ひん	品品品品品品品品品
注	부을 주	훈 そそぐ 음 ちゅう	注注注注注注注注
酒	술 주	훈 さけ/さか 음 しゅ	酒酒酒酒酒酒酒酒酒酒
定	정할 정	훈 さだまる/さだめる/さだか 음 じょう/てい	定定定定定定定定
和	화할 화	훈 やわらぐ/やわらげる 음 わ/お	和和和和和和和和
丁	장정 정	음 ちょう/てい	丁丁
油	기름 유	훈 あぶら 음 ゆ	油油油油油油油油
豆	콩 두	훈 まめ 음 とう/ず	豆豆豆豆豆豆豆

氷									
얼음 빙	훈 こおる/こおり/ひ 음 ひょう								氷 氷 氷 氷 氷
菜									
나물 채	훈 な 음 さい								菜 菜 菜 菜 菜 菜 菜 菜 菜 菜 菜
堂									
집 당	음 どう								堂 堂 堂 堂 堂 堂 堂 堂 堂 堂 堂
料									
헤아릴 료	음 りょう								料 料 料 料 料 料 料 料 料 料

14. 자연1

山									
메 산	훈 やま 음 さん								山 山 山
川									
내 천	훈 かわ 음 せん								川 川 川
花									
꽃 화	훈 はな 음 か								花 花 花 花 花 花 花
犬									
개 견	훈 いぬ 음 けん								犬 犬 犬 犬

한자	뜻·음	읽기
森	수풀 삼	훈 もり 음 しん
林	수풀 림	훈 はやし 음 りん
田	밭 전	훈 た 음 でん
虫	벌레 충	훈 むし 음 ちゅう
草	풀 초	훈 くさ 음 そう
竹	대 죽	훈 たけ 음 ちく
自	스스로 자	훈 みずから 음 じ/し
地	땅 지	음 ち/じ
牛	소 우	훈 うし 음 ぎゅう
鳥	새 조	훈 とり 음 ちょう

寺									
절 사	훈 てら 음 じ				寺	寺	寺	寺	寺 寺
原									
근원 원	훈 はら 음 げん				原 原	原 原	原 原	原 原	原 原
石									
돌 석	훈 いし 음 せき/しゃく/こく						石	石 石	石 石
岩									
바위 암	훈 いわ 음 がん					岩	岩 岩	岩 岩	岩 岩 岩
谷									
골 곡	훈 たに 음 こく						谷 谷	谷 谷	谷 谷 谷
羽									
깃 우	훈 は/はね 음 う							羽 羽	羽 羽 羽 羽
鳴									
울 명	훈 なく/ならす/なる 음 めい				鳴 鳴 鳴	鳴 鳴 鳴	鳴 鳴	鳴 鳴 鳴	鳴 鳴 鳴
馬									
말 마	훈 うま/ま 음 ば					馬 馬	馬 馬	馬 馬	馬 馬 馬 馬
炭									
숯 탄	훈 すみ 음 たん					炭 炭	炭 炭	炭 炭	炭 炭 炭
畑									
화전 전	훈 はた/はたけ					畑 畑	畑 畑	畑 畑	畑 畑 畑

한자	뜻과 음	훈	음
流	흐를 류	ながす/ながれる	りゅう/る
湖	호수 호	みずうみ	こ
羊	양 양	ひつじ	よう
追	쫓을 추	おう	つい
根	뿌리 근	ね	こん
実	열매 실	み/みのる	じつ
低	낮을 저	ひくい/ひくまる/ひくめる	てい
然	그럴 연		ぜん/ねん

15. 자연2

한자	뜻·음	읽기	필순
空	빌 공	훈 そら/あく/あける/から 음 くう	空 空 空 空 空 空 空 空
貝	조개 패	음 かい	貝 貝 貝 貝 貝 貝 貝
魚	물고기 어	훈 うお/さかな 음 ぎょ	魚 魚 魚 魚 魚 魚 魚 魚 魚 魚 魚
太	클 태	훈 ふとい/ふとる 음 たい/た	太 大 大 太
光	빛 광	훈 ひかる/ひかり 음 こう	光 光 光 光 光 光
星	별 성	훈 ほし 음 せい/しょう	星 星 星 星 星 星 星 星 星
汽	물 끓는 김 기	음 き	汽 汽 汽 汽 汽 汽 汽
船	배 선	훈 ふね/ふな 음 せん	船 船 船 船 船 船 船 船 船 船 船
深	깊을 심	훈 ふかい/ふかまる/ふかめる 음 しん	深 深 深 深 深 深 深 深 深 深 深

한자	뜻·음	읽기
岸	언덕 안	훈 きし 음 がん
港	항구 항	훈 みなと 음 こう
笛	피리 적	훈 ふえ 음 てき
島	섬 도	훈 しま 음 とう
波	물결 파	훈 なみ 음 は
陽	볕 양	음 よう

16. 날씨, 계절

한자	뜻·음	읽기
天	하늘 천	훈 あめ/あま 음 てん
雨	비 우	훈 あめ/あま 음 う

한자	훈·음	필순
春		
봄 춘	훈 はる 음 しゅん	春春春春春春春春春
夏		
여름 하	훈 なつ 음 か/げ	夏夏夏夏夏夏夏夏夏夏
秋		
가을 추	훈 あき 음 しゅう	秋秋秋秋秋秋秋秋秋
冬		
겨울 동	훈 ふゆ 음 とう	冬冬冬冬冬
風		
바람 풍	훈 かぜ/かざ 음 ふう/ふ	風風風風風風風風風
雲		
구름 운	훈 くも 음 うん	雲雲雲雲雲雲雲雲雲雲雲雲
雪		
눈 설	훈 ゆき 음 せつ	雪雪雪雪雪雪雪雪雪雪雪
晴		
갤 청	훈 はれる/はらす 음 せい	晴晴晴晴晴晴晴晴晴晴晴晴
度		
법도 도, 헤아릴 탁	훈 たび 음 ど/と	度度度度度度度度度
暑		
더울 서	훈 あつい 음 しょ	暑暑暑暑暑暑暑暑暑暑暑暑

寒									
찰 한	훈 さむい 음 かん								寒寒寒寒寒寒寒寒寒寒寒寒
温									
따뜻할 온	훈 あたたかい/あたたまる/あたためる 음 おん								温温温温温温温温温温温温
落									
떨어질 락	훈 おとす/おちる 음 らく								落落落落落落落落落落落落
葉									
잎 엽	훈 は 음 よう								葉葉葉葉葉葉葉葉葉葉葉葉

17. 위치, 방향, 크기

上									
위 상	훈 うえ/あげる/あがる/のぼる 음 じょう								上上上
下									
아래 하	훈 した/さがる/さげる 음 か/げ								下下下
中									
가운데 중	훈 なか 음 ちゅう/じゅう								中中中中
左									
왼 좌	훈 ひだり 음 さ								左左左左左

한자	뜻·음	훈	음
右	오른쪽 우	みぎ	う/ゆう
大	큰 대	おお/おおきい/おおいに	だい/たい
小	작을 소	ちいさい/こ/お	しょう
西	서녘 서	にし	せい/さい
南	남녘 남	みなみ	なん/な
外	바깥 외	そと/ほか/はずす/はずれる	がい/げ
間	사이 간	あいだ/ま	かん/けん
内	안 내	うち	ない/だい
横	가로 횡	よこ	おう
向	향할 향	むかう/むく/むける/むこう	こう

央
가운데 앙	음 おう

18. 모양

弱	
약할 약	훈 よわい/よわる/よわまる/よわめる 음 じゃく
直	
곧을 직	훈 ただちに/なおす/なおる 음 ちょく/じき
線	
줄 선	음 せん
形	
모양 형	훈 かた/かたち 음 けい/ぎょう
丸	
둥글 환	훈 まる/まるい/まるめる 음 がん
細	
가늘 세	훈 こまかい/こまやか/ほそい/ほそる 음 さい
短	
짧을 단	훈 みじかい 음 たん

한자	뜻·음	훈·음	필순
曲	굽을 곡	훈 まがる/まげる 음 きょく	曲 曲 曲 曲 曲 曲
表	겉 표	훈 あらわす/あらわれる/おもて 음 ひょう	表 表 表 表 表 表 表 表
美	아름다울 미	훈 うつくしい 음 び	美 美 美 美 美 美 美 美 美
面	낯 면	훈 おも/おもて/つら 음 めん	面 面 面 面 面 面 面 面 面

19. 감정, 생각

한자	뜻·음	훈·음	필순
見	볼 견	훈 みる/みえる/みせる 음 けん	見 見 見 見 見 見 見
心	마음 심	훈 こころ 음 しん	心 心 心 心
引	끌 인	훈 ひく/ひける 음 いん	引 引 引 引
考	생각할 고	훈 かんがえる 음 こう	考 考 考 考 考 考

한자	뜻·음	읽기
思	생각 사	훈 おもう 음 し
悪	악할 악, 미워할 오	훈 わるい 음 あく/お
意	뜻 의	음 い
待	기다릴 대	훈 まつ 음 たい
幸	다행 행	훈 さいわい/しあわせ/さち 음 こう
福	복 복	음 ふく
期	기약할 기	음 き/ご
配	나눌 배	훈 くばる 음 はい
悲	슬플 비	훈 かなしい/かなしむ 음 ひ
反	돌이킬 반	훈 そらす/そる 음 はん/ほん/たん

対									
대할 대	음 たい/つい								対 対 対 対 対 対 対
不									
아닐 불(부)	음 ふ/ぶ								不 不 不 不
好									
좋을 호	훈 このむ/すく 음 こう								好 好 好 好 好 好

20. 동작1

立									
설 립	훈 たつ/たてる 음 りつ/りゅう								立 立 立 立 立
言									
말씀 언	훈 いう/こと 음 げん/ごん								言 言 言 言 言 言 言
聞									
들을 문	훈 きく/きこえる 음 ぶん/もん								聞 聞 聞 聞 聞 聞 聞 聞 聞 聞 聞 聞 聞 聞
開									
열 개	훈 あく/あける/ひらく/ひらける 음 かい								開 開 開 開 開 開 開 開 開 開 開 開
持									
가질 지	훈 もつ 음 じ								持 持 持 持 持 持 持 持 持

守									
지킬 수	훈 まもる/もり 음 しゅ/す								守守守守守守
取									
가질 취	훈 とる 음 しゅ								取取取取取取取取
拾									
주을 습, 열 십	훈 ひろう 음 しゅう/じゅう								拾拾拾拾拾拾拾拾拾
助									
도울 조	훈 たすかる/たすける 음 じょ								助助助助助助助
植									
심을 식	훈 うえる/うわる 음 しょく								植植植植植植植植植植植植
産									
낳을 산	훈 うむ/うまれる/うぶ 음 さん								産産産産産産産産産産産
貸									
빌릴 대	훈 かす 음 たい								貸貸貸貸貸貸貸貸貸貸貸貸

21. 동작2

切									
끊을 절, 온통 체	훈 きる/きれる 음 せつ/さい								切切切切

知									
알 지	훈 しる 음 ち								知知知知知知知知
合									
합할 합	훈 あう/あわせる/あわす 음 ごう/がつ/かつ								合合合合合合
当									
마땅 당	훈 あたる/あてる 음 とう								当当当当当当
使									
부릴 사	훈 つかう 음 し								使使使使使使使使
送									
보낼 송	훈 おくる 음 そう								送送送送送送送送送
集									
모일 집	훈 あつまる/あつめる/つどう 음 しゅう								集集集集集集集集集集集集
命									
목숨 명	훈 いのち 음 めい/みょう								命命命命命命命命
整									
가지런할 정	훈 ととのう/ととのえる 음 せい								整整整整整整整整整整整整整整整整
調									
고를 조	훈 しらべる/ととのう/ととのえる 음 ちょう								調調調調調調調調調調調調調調調
放									
놓을 방	훈 はなす/はなつ/はなれる 음 ほう								放放放放放放放放

消

사라질 소 훈 きえる/けす 음 しょう

22. 반대의 의미를 갖는 한자

少

적을 소 훈 すくない/すこし 음 しょう

多

많을 다 훈 おおい 음 た

新

새 신 훈 あたらしい/あらた/にい 음 しん

古

예 고 훈 ふるい/ふるす 음 こ

来

올 래 훈 くる/きたる/きたす 음 らい

買

살 매 훈 かう 음 ばい

明

밝을 명 훈 あかり/あかるい/あかるむ/あからむ/あかす 음 めい/みょう

한자	뜻·음	훈	음
遠	멀 원	とおい	えん/おん
近	가까울 근	ちかい	きん
止	그칠 지	とまる/とめる	し
売	팔 매	うる/うれる	ばい
安	편안 안	やすい	あん
暗	어두울 암	くらい	あん
軽	가벼울 경	かるい/かろやか	けい
重	무거울 중	おもい/かさねる/かさなる	じゅう
去	갈 거	さる	きょ/こ
始	비로소 시	はじめる/はじまる	し

終									
마칠 **종**	훈 おわる/おえる 음 しゅう								終 終 終 終 終 終 終 終 終 終 終
進									
나아갈 **진**	훈 すすむ/すすめる 음 しん								進 進 進 進 進 進 進 進 進 進 進
苦									
쓸 **고**	훈 くるしい/くるしめる/くるしむ/にがい 음 く								苦 苦 苦 苦 苦 苦 苦 苦
返									
돌이킬 **반**	훈 かえす/かえる 음 へん								返 返 返 返 返 返 返
勝									
이길 **승**	훈 かつ/まさる 음 しょう								勝 勝 勝 勝 勝 勝 勝 勝 勝 勝 勝 勝
負									
질 **부**	훈 おう/まかす/まける 음 ふ								負 負 負 負 負 負 負 負 負
借									
빌릴 **차**	훈 かりる 음 しゃく								借 借 借 借 借 借 借 借 借 借

23. 기타

糸									
실 **사**	훈 いと 음 し								糸 糸 糸 糸 糸 糸

玉	옥 옥	훈 たま 음 ぎょく
用	쓸 용	훈 もちいる 음 よう
弓	활 궁	훈 ゆみ 음 きゅう
矢	화살 시	훈 や 음 し
里	마을 리	훈 さと 음 り
代	대신할 대	훈 かわる/かえる/よ/しろ 음 だい/たい
由	말미암을 유	훈 よし 음 ゆ/ゆう
予	미리 예	훈 あらかじめ 음 よ
昭	밝을 소	음 しょう
委	맡길 위	음 い

薬 (약 약)	楽 (풍류 악)	太 (클 태)	大 (큰 대)
名 (이름 명)	各 (각각 각)	汽 (김 기)	気 (기운 기)
肉 (고기 육)	内 (안 내)	島 (섬 도)	鳥 (새 조)
刀 (칼 도)	力 (힘 력)	天 (하늘 천)	夫 (지아비 부)
米 (쌀 미)	木 (나무 목)	雪 (눈 설)	雲 (구름 운)
味(맛 미)	未(아닐 미)	晴 (갤 청) 青 (푸를 청)	清 (맑을 청)
油 (기름 유)	由 (말미암을 유)	丸 (알 환)	九 (아홉 구)
氷 (얼음 빙)	水 (물 수)	待 (기다릴 대)	持 (가질 지)
堂 (집 당)	党 (무리 당)	反 (돌이킬 반)	皮 (가죽 피)
犬 (개 견)	大 (큰 데)	合 (합할 합)	会 (모일 회)
森 (수풀 삼) 木 (나무 목)	林 (수풀 림)	少 (적을 소)	小 (작을 소)
自 (스스로 자)	目 (눈 목)	返 (돌이킬 반)	反 (돌이킬 반)
牛 (소 우)	午 (낮 오)	糸 (실 사)	絵 (그림 회)
石 (돌 석)	右 (오른쪽 우)	弓 (활 궁)	引 (끌 인)
谷 (골 곡)	合 (합할 합)	里 (마을 리)	理 (이치 리)
鳴 (울 명)	鳥 (새 조)	由 (말미암을 유)	田 (밭 전)
羊 (양 양) 半 (반 반)	洋 (큰 바다 양)	昭 (밝을 소)	助 (도울 조)
貝 (조개 패) 目 (눈 목)	見 (볼 견)	説 (말씀 설)	話 (말할 화)